SISTEMA DE REGISTRO DE PREÇOS
UMA FORMA INTELIGENTE DE CONTRATAR

Teoria e Prática

PAULO SÉRGIO DE MONTEIRO REIS

Prefácio
Jorge Ulisses Jacoby Fernandes

SISTEMA DE REGISTRO DE PREÇOS
UMA FORMA INTELIGENTE DE CONTRATAR

Teoria e Prática

Belo Horizonte

2020

© 2020 Editora Fórum Ltda.

É proibida a reprodução total ou parcial desta obra, por qualquer meio eletrônico, inclusive por processos xerográficos, sem autorização expressa do Editor.

Conselho Editorial

Adilson Abreu Dallari	Floriano de Azevedo Marques Neto
Alécia Paolucci Nogueira Bicalho	Gustavo Justino de Oliveira
Alexandre Coutinho Pagliarini	Inês Virgínia Prado Soares
André Ramos Tavares	Jorge Ulisses Jacoby Fernandes
Carlos Ayres Britto	Juarez Freitas
Carlos Mário da Silva Velloso	Luciano Ferraz
Cármen Lúcia Antunes Rocha	Lúcio Delfino
Cesar Augusto Guimarães Pereira	Marcia Carla Pereira Ribeiro
Clovis Beznos	Márcio Cammarosano
Cristiana Fortini	Marcos Ehrhardt Jr.
Dinorá Adelaide Musetti Grotti	Maria Sylvia Zanella Di Pietro
Diogo de Figueiredo Moreira Neto (*in memoriam*)	Ney José de Freitas
Egon Bockmann Moreira	Oswaldo Othon de Pontes Saraiva Filho
Emerson Gabardo	Paulo Modesto
Fabrício Motta	Romeu Felipe Bacellar Filho
Fernando Rossi	Sérgio Guerra
Flávio Henrique Unes Pereira	Walber de Moura Agra

FÓRUM
CONHECIMENTO JURÍDICO

Luís Cláudio Rodrigues Ferreira
Presidente e Editor

Coordenação editorial: Leonardo Eustáquio Siqueira Araújo
Aline Sobreira de Oliveira

Av. Afonso Pena, 2770 – 15º andar – Savassi – CEP 30130-012
Belo Horizonte – Minas Gerais – Tel.: (31) 2121.4900 / 2121.4949
www.editoraforum.com.br – editoraforum@editoraforum.com.br

Técnica. Empenho. Zelo. Esses foram alguns dos cuidados aplicados na edição desta obra. No entanto, podem ocorrer erros de impressão, digitação ou mesmo restar alguma dúvida conceitual. Caso se constate algo assim, solicitamos a gentileza de nos comunicar através do *e-mail* editorial@editoraforum.com.br para que possamos esclarecer, no que couber. A sua contribuição é muito importante para mantermos a excelência editorial. A Editora Fórum agradece a sua contribuição.

Dados Internacionais de Catalogação na Publicação (CIP) de acordo com ISBD

R375s	Reis, Paulo Sérgio de Monteiro
2020-1461	Sistema de registro de preços: uma forma inteligente de contratar - Teoria e prática / Paulo Sérgio de Monteiro Reis. Belo Horizonte : Editora Fórum Ltda, 2020. 191 p. ; 14,5cm x 21,5cm.
	Inclui bibliografia. ISBN: 978-65-5518-037-4
	1. Direito Financeiro. 2. Direito Administrativo. 3. Direito Constitucional. 4. Direito Público. I. Título.
	CDD 343.8103
	CDU 351.72

Elaborado por Vagner Rodolfo da Silva - CRB-8/9410

Informação bibliográfica deste livro, conforme a NBR 6023:2018 da Associação Brasileira de Normas Técnicas (ABNT):

REIS, Paulo Sérgio de Monteiro. *Sistema de registro de preços:* uma forma inteligente de contratar - Teoria e prática. Belo Horizonte: Fórum, 2020. 191 p. ISBN 978-65-5518-037-4.

Para a Amanda, neta querida, que tão bem representa a inteligência da juventude brasileira, fazendo-nos crer em um futuro melhor para o nosso querido país.

AGRADECIMENTOS

Um especial agradecimento à saudosa Professora Eliana Goulart Leão por todo o trabalho desenvolvido na Prefeitura Municipal de São Paulo para a utilização do SRP nos tempos modernos e pelos ensinamentos iniciais que me deu em relação ao assunto, fundamentais para o sucesso que obtive na sua utilização.

Aos meus familiares, Nilma, minha mulher, Rodrigo e Amanda, filho e neta competentes e apoiadores, que sempre me deram condições para dedicar parte de meu tempo a essa agradável tarefa de transmitir conhecimentos, com parceria e incentivo permanentes.

À memória de meus pais, Georgina e Clementino, a quem devo toda a minha formação e que estão sempre ao meu lado, ainda que em pensamento, com ensinamentos que se tornaram inesquecíveis e marcantes em toda a minha vida.

A todos os que trabalharam ao meu lado na administração pública, pelo empenho e dedicação, que me permitiram ter uma trajetória vitoriosa e salutar.

Ao Professor Jorge Ulisses Jacoby Fernandes, um autêntico mestre nas licitações e contratos da administração pública, a quem tive oportunidade de ouvir e acompanhar desde os meus primeiros passos nesses temas e que continua, até hoje, como um referencial sempre presente e sempre marcante na tarefa que hoje desenvolvo, de transmitir a todos os servidores públicos os conhecimentos que adquiri ao longo de minha vivência de mais de 48 anos de atividades.

SUMÁRIO

PREFÁCIO
JORGE ULISSES JACOBY FERNANDES 11

NOTA DO AUTOR 13

APRESENTAÇÃO 15

CAPÍTULO 1
O QUE É O SISTEMA DE REGISTRO DE PREÇOS 17

CAPÍTULO 2
HISTÓRICO DO SRP NO ORDENAMENTO JURÍDICO
BRASILEIRO 21

CAPÍTULO 3
VANTAGENS DA APLICAÇÃO DO SISTEMA DE REGISTRO
DE PREÇOS 33

CAPÍTULO 4
SITUAÇÕES EM QUE O SRP PODERÁ SER UTILIZADO 51

CAPÍTULO 5
A CONDUÇÃO DO PROCESSO PARA REGISTRO DE PREÇOS 73

CAPÍTULO 6
A FASE DE PLANEJAMENTO DA LICITAÇÃO PARA
REGISTRO DE PREÇOS 79

CAPÍTULO 7
A FASE LICITATÓRIA DO SRP 93

CAPÍTULO 8
AS LICITAÇÕES PARA REGISTRO DE PREÇOS E AS ME/EPP 107

CAPÍTULO 9
A ATA DE REGISTRO DE PREÇOS E OS CONTRATOS
DELA DECORRENTES 119

CAPÍTULO 10
A UTILIZAÇÃO DA ATA DE REGISTRO DE PREÇOS 133

CAPÍTULO 11
A GESTÃO DOS PREÇOS REGISTRADOS 139

CAPÍTULO 12
A ADESÃO TARDIA 155

CAPÍTULO 13
SISTEMA DE REGISTRO DE PREÇOS NO ÂMBITO DO RDC 169

CAPÍTULO 14
A UTILIZAÇÃO DO SRP NAS CONTRATAÇÕES
DA PANDEMIA 177

REFERÊNCIAS 191

PREFÁCIO

O tema *Sistema de Registro de Preços* tem sido um dos mais dinâmicos e incompreendidos na logística pública nacional.

No Brasil, apenas na esfera federal, em 2019 foram realizadas, aproximadamente, através do sistema eletrônico COMPRASNET, nada menos do que 182.87 licitações, envolvendo R$70.973.599.076,81, sendo 43.585 pregões.

A grandeza de tais cifras não se exaure com o aparente sucesso da obtenção de proposta mais vantajosa. A licitação serve mais à isonomia dos licitantes do que a vantagem para a administração pública brasileira. É provável que, liberada a compra sem procedimentos para os gestores, muitos conseguissem uma contratação ainda mais vantajosa. Os princípios republicanos, porém, exigem o procedimento, a transparência, a impessoalidade e a isonomia.

Foi assim que o sistema de licitação teve sua hipertrofia, sem precedentes no mundo. Não há registro de outros países que façam tantas licitações como o Brasil.

Os servidores e agentes públicos que participam desse hipertrofiado sistema ainda enfrentam as dificuldades do descompasso das liberações de dotações, guiadas pela pretensão de superávit financeiro e falta de mão de obra qualificada para a fase interna das licitações. Sobrepondo esse cenário, a multiplicidade de normas promulgadas, editadas ou simplesmente praticadas, num confuso cenário em que a jurisprudência por vezes usurpa a função normativa.

O Sistema de Registro de Preços, no Brasil, oferece extraordinárias vantagens, permitindo, como destaca o autor, Paulo Sérgio Reis, desenvolver todo o processo sem as pressões da necessidade premente e do término do orçamento.

O autor leva o leitor no desenvolvimento de ideias e conhecimento de forma extremamente agradável. Demonstra todos os detalhes desde a origem histórica, fase interna, vantagens, fase externa, quando usar e quando não usar o Sistema de Registro de Preços. Esclarece com mestria o que ocorre na prática e o faz com sabedoria. Esse é o adjetivo que singulariza o autor. De fato, a obra se destaca no cenário nacional, não só pela atualidade dos temas, mas pela visão superior de quem é capaz de subir os degraus do conhecimento para, de lá de cima, enxergar uma harmonia imperceptível aos que estão em um plano inferior do conhecimento.

Paulo Sérgio Reis foi mais longe. Com nobreza e humildade dos que muito sabem, não apenas contemplou, mas decidiu revelar esse cenário. Faz uma trajetória desde 1922 até os tempos de pandemia de COVID-19. Usa, como cenário de fundo, o Sistema de Registro de Preços para guiar uma leitura agradabilíssima e consistente, muito bem fundamentada.

Somando mais de quatro décadas de vida profissional, Paulo Sérgio Reis domina os temas de que trata e exemplifica situações, deixando claro que quer ensinar aos que nada sabem e ensinar aos que pensam que tudo sabem.

Recomendo ao leitor que leia a obra inteira. Sendo o primeiro a ter esse privilégio, posso afiançar que, além de aprender, as próximas páginas desvendam um assunto após o outro, como quem faz uma viagem guiada por alguém que se anuncia logo na apresentação que veio para "ajudar".

Parabéns, Paulo Sérgio Reis. Parabéns aos leitores!

Jorge Ulisses Jacoby Fernandes
Mestre em Direito, com larga experiência em processos de contratação.

NOTA DO AUTOR

Disponibilizo esta obra a todos que, dentro da administração pública brasileira, em todos os níveis de governo e em todos os Poderes, se dedicam a essa nobre tarefa de realizar contratação de bens e serviços. Tarefa extremamente desgastante, não só pelo volume de serviços, sempre crescente diante de uma carência de servidores, também sempre crescente, como também pela permanente pressão que recebem, de um lado dentro da própria administração, que, muitas e muitas vezes, não se planeja adequada e tempestivamente, fazendo com que, quando surge determinada necessidade, se busque uma solução rápida, como se mágicas pudessem se concretizar com facilidade. De outro lado, pressão oriunda da sociedade e seus representantes, os órgãos de controle, que parecem sempre partir do princípio de que os servidores que trabalham em processos de contratação não se comportam adequadamente, procurando obter vantagens ilegais.

Corrigir a falta de planejamento não é fácil, exatamente por representar uma mudança de cultura, sempre muito difícil de alcançar. Livrar-se da pecha de desonestidade é ainda mais difícil. É sempre muito difícil provar ser honesto!

A utilização do Sistema de Registro de Preços pode trazer uma ajuda substancial para esses servidores e, como consequência, para a administração pública. Ter um preço registrado significa que a administração pode contratar no mesmo dia em que a efetiva necessidade se manifesta. Isso é eficiência, princípio constitucional expressamente previsto no art. 37, *caput*, da Carta Magna vigente.

O objetivo desta obra é ajudar. Mostrar que a implantação do SRP exige, apenas, a qualificação indispensável em qualquer atividade, inclusive na administração pública. Com essa qualificação, o SRP torna-se fácil e efetivo.

Vamos tornar o SRP naquilo para o que ele foi imaginado: uma autêntica revolução nos processos de contratação, uma arma efetiva, transparente, séria, que possibilita atender necessidades em prazo bem curto, com pequenas ações de planejamento.

APRESENTAÇÃO

Sistema de Registro de Preços é um tema que sempre nos fascinou, desde que tivemos os primeiros conhecimentos sobre suas regras, lá pelos idos de 1998. A uma, despertou-nos curiosidade como um procedimento tão moderno, prático, objetivo e eficiente tinha sido imaginado em 1922, dentro da administração pública federal. A duas, pela oportunidade de sua aplicação tantos anos após, mantendo sua atualidade.

Com a ajuda da saudosa Professora Eliana Goulart Leão, conhecemos mais detalhadamente o sistema e sua aplicação. Ainda que, naquele momento, vivêssemos no país uma efetiva instabilidade na economia, pois havíamos superado há poucos anos o longo período de inflação elevada e descontrolada – o Plano Real é de 1994 –, nos interessamos imediatamente em aplicar o SRP na estatal em que exercíamos atividade na época, o Banco da Amazônia.

Apesar das evidentes dificuldades iniciais, causadas desde logo pelo absoluto desconhecimento, por parte dos fornecedores, especialmente os locais, em relação às regras fundamentais do sistema, fomos, pouco a pouco, conseguindo introduzir no mercado a ideia das vantagens do SRP. Vantagens não só para a administração pública, como, também, para os fornecedores. Afinal, vencer uma única licitação e, com isso, ter assegurado o fornecimento de bens e serviços por um período mais longo são inegáveis vantagens.

Ficamos surpreendidos quando, no início deste século, tivemos a oportunidade de saber que, em outros locais do Brasil, o SRP era olhado com desconfiança, traduzindo resultados muitas vezes desfavoráveis, com licitações desertas e, consequentemente, impossibilidade fática de utilização. Em pouco tempo, entretanto, com a obtenção de informações adicionais, pudemos concluir que a culpa direta por essa má recepção pelo mercado era fundamentalmente da administração pública. Tivemos ciência de órgãos/entidades, em todos os níveis, que realizam licitação para registro de preços, firmavam a ata respectiva e, ao longo de sua vigência, não a utilizavam. É certo que a utilização não é compulsória, mas é certo, igualmente, que o mercado reage todas as vezes em que se sente usado, cria uma expectativa que não se concretiza.

O sucesso do SRP passa pela seriedade. De um lado, da administração. Realmente, não há a obrigação de contratar os bens e serviços registrados na ata. No entanto, é indispensável que o registro seja precedido de efetiva e real necessidade, que pode até não se concretizar, mas que deve trazer como regra as contratações decorrentes. Do outro lado, seriedade por parte dos fornecedores, os detentores de atas, que devem assumir compromissos passíveis de serem efetivamente cumpridos quando ocorrer a demanda. Afinal, sem seriedade, dificilmente há prosperidade.

Hoje, vemos com satisfação que o Sistema de Registro de Preços já é bem aceito e está consolidado no ordenamento jurídico brasileiro. Até com algumas evoluções legais, como aquelas trazidas, ainda que por período provisório, pela legislação criada especificamente para as ações de combate à pandemia de COVID-19.

Esperamos que este trabalho possa ajudar nessa consolidação, mostrando que a utilização do Sistema de Registro de Preços pode ser feita com absoluta simplicidade, sem criar embaraços para a administração pública. Igualmente, esperamos contribuir para que a ideia relativa às vantagens do sistema seja difundida e firmada, de tal modo que se torne aquilo para o que foi criada: uma poderosa arma para ajudar a administração pública brasileira em seu relacionamento com o mercado, possibilitando contratações ágeis, eficientes e eficazes para o bom atendimento ao interesse público.

O autor
Maio de 2020.

CAPÍTULO 1

O QUE É O SISTEMA DE REGISTRO DE PREÇOS

O Sistema de Registro de Preços, que vamos abreviar, de ora em diante, por SRP, representa uma forma inteligente de obtenção de bens e serviços que a administração pública estima que vai deles necessitar periodicamente, mas, em relação aos quais, não exista uma precisão, quer quanto ao momento da necessidade, quer em relação ao quantitativo que será necessário em cada momento.

Trata-se, efetivamente, de um procedimento que antecipa as fases de planejamento e definição do futuro contratado, trazendo-as para um momento em que a efetiva necessidade ainda não exista, constituindo-se, apenas, em mera estimativa. Agindo assim, a administração poderá processar a contratação em curtíssimo prazo a partir do momento em que a necessidade se torne real, pois já terá feita a definição prévia de quem será contratado e qual o valor a ser pago.

É como se o processo de contratação pública tivesse suas três fases rotineiras divididas em dois períodos: no primeiro, serão realizadas as fases de planejamento e seleção da proposta mais vantajosa; no segundo, serão formalizadas a contratação e a gestão da execução do contrato.

Rotineiramente, o processo já possui essas três fases perfeitamente definidas, com início, meio e fim, ocorrendo as mesmas sucessivamente, constituindo, assim, um conjunto de atos que se complementam, procurando alcançar um objetivo final, que é o atingimento da satisfação do interesse público. A execução, no entanto, é sucessiva, de tal modo que o encerramento de uma fase dá início à fase seguinte e assim sucessivamente. No SRP, isso continua ocorrendo em relação às duas primeiras etapas (planejamento e realização do certame licitatório).

A partir daí, no entanto, o processo se desenvolve em etapas que não possuem um momento certo para acontecer. Pode e deve haver no instrumento convocatório uma previsibilidade em relação à fase de contratação, mas é apenas uma previsibilidade, e não uma certeza, podendo até mesmo, de forma não usual, nem vir a ocorrer a contratação.

Dessa forma, o SRP pode suprir tanto as deficiências no planejamento das contratações como as situações de efetiva imprevisibilidade. Em ambas, praticando o SRP, a administração, tempestivamente, poderá formalizar as contratações de que necessita, evitando prejuízos que seriam rotineiramente causados pela ausência de um material ou de um serviço que pode ser importante para o atendimento às necessidades públicas e o desenvolvimento de suas atividades programadas.

Rotineiramente, ouvimos manifestações no sentido de que o SRP poderia ser perfeitamente substituído por uma compra com entrega parcelada. São situações que, entretanto, apresentam diferenças fundamentais, como será visto no desenvolvimento desta obra, constituindo-se em procedimentos que podem efetivamente ter alguma similaridade no resultado final, mas que possuem discrepâncias importantes no seu processamento e nas vantagens que podem trazer para a administração.

Que fique claro que o SRP não constitui uma modalidade de licitação. Trata-se, isso sim, de um processo diferenciado, um conjunto dos procedimentos que objetiva definir aquele que vai atender as futuras contratações de bens e serviços necessários à administração, com o respectivo valor a ser empregado nesse momento.

Não se trata, também, de um procedimento para atender necessidades imediatas, ou seja, aquelas que precisam ser satisfeitas naquele momento. Para estas, os procedimentos já adotados rotineiramente continuam prevalecendo, com a realização de um certame licitatório – ou, por exceção, de um processo de dispensa ou de inexigibilidade de licitação –, seguido de uma contratação daquele que ofertar a proposta mais vantajosa. Nesse caso, executado o contrato, a necessidade estará satisfeita. Poderá, até mesmo, ocorrer nova necessidade idêntica no futuro. Esta, no entanto, não era previsível, devendo, então, ser novamente satisfeita através de um processo rotineiro de contratação, e assim sucessivamente. O SRP objetiva atender necessidades que são mediatas e apenas previstas. Uma necessidade que, presumidamente, deve ocorrer periodicamente, mas que pode não se concretizar, por não ser uma certeza.

Exemplifiquemos: para atender a uma situação específica, a administração necessita adquirir uma mesa de trabalho. Não uma mesa comum, utilizada rotineiramente, mas um móvel que servirá exclusivamente para atender a determinada situação. Não há, assim, previsão de mesa idêntica nos próximos meses, ainda que essa necessidade possa vir a se apresentar, no futuro, de forma não previsível nesse momento. Ou, alternativamente, a administração necessita contratar serviço de recuperação do sistema de sonorização de seu único auditório. Não se tem previsão de necessidade de nova recuperação em prazo razoável. Temos aqui duas situações em que o SRP não deve ser aplicado. Estamos diante de contratações que precisam ser realizadas para atender a uma necessidade específica. É um processo rotineiro de contratação.

Imaginemos, agora, uma situação diferente: a administração necessita adquirir um material de expediente, rotineiramente utilizado em suas atividades de escritório. Trata-se da aquisição de um material constantemente utilizado, mas, em relação ao qual, a efetiva época da necessidade não está definida, assim como o quantitativo que será necessário. Isso porque pode ocorrer eventualmente uma redução ou um aumento no consumo desse material, fazendo com que não exista a necessidade da compra ou o quantitativo necessário seja mais reduzido ou até necessário em prazo mais curto. Nesta hipótese, recomenda-se a utilização do SRP. Sua não aplicação implicaria na necessidade de realização de licitações frequentes, sempre que a necessidade se manifestasse, com o consequente aumento do custo administrativo, possibilidade de retardamento no atendimento por causa da demora no processo licitatório, perda de economia de escala etc.

O SRP propicia, assim, aumento da eficiência nas contratações públicas, valendo lembrar neste momento que eficiência é um princípio imposto à administração pública, como consta explicitamente do *caput* do art. 37 da Constituição Federal vigente.

CAPÍTULO 2

HISTÓRICO DO SRP NO ORDENAMENTO JURÍDICO BRASILEIRO

O primeiro registro que se conhece das bases de um sistema de contratações semelhante ao SRP veio no Decreto Federal nº 4.536, de 28 de janeiro de 1922, que organizou o Código de Contabilidade da União. Naquele momento denominado de Regime de Concorrências Permanentes, o sistema apresentava condições muito próximas do que hoje denominamos SRP. Assim dispunha o antigo Código de Contabilidade da União, com o linguajar adotado na época:

> Art. 52. Para os fornecimentos ordinarios ás repartições publicas, poderá o Governo estabelecer o regimen de concurrencias permanentes, inscrevendo-se, nas contabilidades dos Ministerios e nas repartições interessadas nos fornecimentos, os nomes dos negociantes que se propuzerem a fornecer os artigos de consumo habitual, com a indicação dos preços offerecidos, qualidade e mais esclarecimentos reputados necessarios.
>
> §1º A inscripção far-se-á mediante requerimento ao chefe da repartição ou ao Ministro, conforme determinação regulamentar, acompanhado das informações necessarias ao julgamento da idoneidade do proponente, indicação dos artigos e preços dos fornecimentos pretendidos.
>
> §2º Julgada dentro de 10 dias a idoneidade do proponente, será ordenada a sua immediata inscripção si este se subordinar ás condições exigidas para o fornecimento.
>
> §3º Os preços offerecidos não poderão ser alterados antes de decorridos quatro mezes da data da inscripção, sendo que as alterações communicadas em requerimento só se tornarão effectivas após 15 dias do despacho, que ordenar a sua annotação.

§4º O fornecimento de qualquer artigo caberá ao proponente que houver offerecido preço mais barato, não podendo, em caso algum, o negociante inscripto recusar-se a satisfazer a encommenda, sob pena de ser excluido o seu nome ou firma do registro ou inscripção e de correr por conta delle a diferença.

Não se conhece, infelizmente, o autor da ideia. Sem qualquer dúvida, ideia brilhante, que mostra que necessidades repetitivas sempre ocorreram na administração pública e que alguém, por certo preocupado com os prazos necessários para atender essas necessidades e a carência de um planejamento mais preciso, procurou equacionar um procedimento bem viável para atendê-las tempestivamente.

Apesar do longo tempo decorrido desde então, o procedimento ficou como que esquecido no ordenamento jurídico. Não há registro da efetiva utilização desse regime naquele momento ou nos anos que se seguiram. A ideia surgiu e foi registrada no ordenamento jurídico, mas a aplicação prática dessa ideia parece não ter ocorrido, talvez por não ter havido naquele momento o perfeito entendimento do que seria aquele novo regime e quais as vantagens que poderia trazer para a administração. É comum na história da humanidade boas ideias ficarem como que congeladas durante algum tempo, muitas vezes por muito tempo, por não serem bem entendidas. Não podemos esquecer que toda mudança gera uma reação, normalmente em sentido contrário à sua aplicação. Isso deve ter ocorrido com o registro de preços. Felizmente, a evolução do entendimento acabou por desvendar um conhecimento mais preciso, gerando, consequentemente, a consagração da ideia.

No ano de 1986, um novo marco sobre as regras de contratação da administração pública surgiu no ordenamento jurídico brasileiro. Estamos nos referindo ao Decreto-Lei nº 2.300, de 21 de novembro de 1986, que dispunha sobre licitações e contratos da administração federal, como consta de sua ementa. No art. 90, o DL em questão revogou expressamente as regras referentes a licitações e contratos constantes do Código de Contabilidade Pública da União, o já citado Decreto nº 4.536, de 1922.

O DL nº 2.300, de 1986, instituiu o estatuto jurídico das licitações e contratos no âmbito da administração federal. Em seu art. 14, o DL assim dispunha:

Art. 14. As compras, sempre que possível e conveniente, deverão:

I – atender ao princípio da padronização, que imponha compatibilidade de especificações técnicas e de desempenho, observadas, quando for o caso, as condições de manutenção e assistência técnica;

II – ser processadas através de sistema de registro de preços;

III – submeter-se às condições de aquisição e pagamento semelhantes às do setor privado.

§1º O registro de preços será precedido de ampla pesquisa de mercado.

§2º Os preços registrados serão periodicamente publicados no Diário Oficial da União, para orientação da Administração.

§3º O sistema de registro de preços será regulamentado por decreto.

Ressalta-se a imposição do SRP ser regulamentado através de um instrumento competente, o decreto, para permitir sua utilização plena. O DL trazia as bases fundamentais, baseadas especificamente nas regras constantes do revogado Decreto nº 4.536, de 1922. Sua aplicação, entretanto, precisaria ser regulamentada.

Em 17 de fevereiro de 1992, o Decreto nº 449 institui oficialmente, no âmbito da administração federal, o Sistema Integrado de Registro de Preços (Sirep). Nesse mesmo decreto federal, foi instituído, também, o Sistema de Cadastramento Unificado de Fornecedores (Sicaf), hoje tão tradicional por se constituir o cadastro de fornecedores da administração pública federal.

Em seu art. 5º, dispunha o decreto que os registros do Sirep passariam a constituir, de forma obrigatória, o parâmetro para análise das propostas e julgamento da compatibilidade das mesmas com os preços e custos do mercado. O artigo seguinte, o 6º, continha, por sua vez, a disposição no sentido de que, enquanto não fosse implementado o Sirep, os responsáveis pela prática do ato de homologação das licitações deveriam confirmar, através de pesquisa realizada junto a, pelo menos, duas outras empresas do ramo pertinente ao objeto do certame, se os preços propostos estavam efetivamente compatíveis com o mercado, nas mesmas condições de pagamento e entrega.

Parece interessante constatar que, embora o art. 3º do decreto falasse que o Sirep a que se referia a norma legal era o sistema tratado no art. 14 do Decreto-Lei nº 2.300, de 1986, o foco dado ao mesmo era bem diferente da ideia original de registrar preços para futuras contratações. O Decreto nº 449, de 1992, deixa claro que o Sirep passaria a constituir um painel de preços da administração federal, ou seja, um banco de dados com os preços praticados no mercado, que serviria de apoio para o julgamento das propostas apresentadas. Através do Sirep, a administração verificaria a adequação dos preços ofertados àqueles que o mercado praticava nas mesmas condições.

É conveniente destacar que essa visão distorcida do que seria o Sistema de Registro de Preços já pode ser observada desde o Decreto-Lei nº 2.300, de 1986. Isso fica claro quando examinamos as disposições do seu art. 22, que tratava das hipóteses de dispensabilidade de licitação. No inciso XII, a norma legal de licitações e contratos dispunha:

> Art. 22. É dispensável a licitação:
>
> (...)
>
> XII – quando as propostas apresentadas consignarem preços manifestamente superiores aos praticados no mercado, ou forem incompatíveis com os fixados pelos órgãos estatais incumbidos do controle oficial de preços, casos em que se admitirá a contratação direta dos bens e serviços, por valor não superior ao constante do registro de preços.

O Sirep não era, portanto, o sistema de concorrências permanentes do antigo Código de Contabilidade da União e nem tampouco o SRP hoje conhecido. Talvez por isso mesmo não temos registros da utilização de um sistema de contratações através de preço registrado, na administração federal, nesse período.

Como o DL nº 2.300, de 1986, havia instituído o estatuto jurídico das licitações e contratos apenas no âmbito da administração federal, estados, Distrito Federal e municípios tiveram a oportunidade de fazê-lo, cada um em sua jurisdição. Neste momento, destacamos a iniciativa do estado de São Paulo, que estabeleceu suas regras através da Lei Estadual nº 6.544, de 22 de novembro de 1989. O art. 15 desse diploma, muito semelhante ao art. 14 do DL federal, trouxe a seguinte disposição:

> Artigo 15 – As compras, sempre que possível e conveniente, deverão:
>
> I – atender ao princípio da padronização que imponha compatibilidade de especificações técnicas e de desempenho, observadas, quando for o caso, as condições de manutenção e assistência técnica;
>
> II – ser processadas através de sistema de registro de preços, precedido de ampla pesquisa de mercado;
>
> III – submeter-se às condições de aquisição e pagamento semelhantes às do setor privado.

§1º Os preços registrados serão periodicamente publicados no Diário Oficial do Estado, para orientação da Administração.

§2º O sistema de registro de preços será regulamentado por decreto.

O decreto regulamentador, de nº 35.946, de 30 de outubro de 1992, dispôs sobre a aplicação do registro de preços no estado de São Paulo. O art. 1º do decreto deixa claro que se tratava de um sistema destinado à aquisição de produtos pelo governo estadual, ao contrário, portanto, do Sirep federal, restaurando, assim, a ideia original do registro:

> Artigo 1.º - O sistema de registro de preços para fornecimento de materiais e gêneros aos órgãos da administração direta e das autarquias do Estado obedecerá ao disposto neste decreto.

No município de São Paulo, encontramos a Lei Municipal nº 10.544, de 31 de maio de 1988, dispondo sobre licitações e contratações naquele ente federativo. Em seu art. 9º, a lei municipal trouxe a seguinte disposição:

> Art. 9º - Os serviços, quando habituais e necessários, poderão observar o procedimento de registro de preços, precedido de concorrência, por prazo máximo de 1 ano, prorrogável uma única vez, por igual período.

Também no caso da capital paulistana, o SRP foi regulamentado através do Decreto Municipal nº 29.347, de 23 de novembro de 1990. Cronologicamente, o município de São Paulo foi o primeiro em nosso país a efetivamente regulamentar o SRP, de forma muito semelhante ao que hoje conhecemos. Neste caso, destacamos uma curiosidade. O DL federal, em seu art. 14, dispunha sobre registro de preços para compras; a lei estadual de São Paulo, em seu art. 15, bem como o regulamento estadual, em seu art. 1º, o faziam no mesmo sentido. Já no âmbito da capital, a lei municipal falou em registro de preços para serviços, e o regulamento, de forma mais abrangente, dispôs sobre o uso do sistema para serviços e compras, como vemos a seguir, em seu artigo inicial: "Art. 1º - O registro de preços para serviços e compras dos órgãos da Administração direta e autárquica do Município de São Paulo obedecerá às normas fixadas pelo presente decreto".

Em 1993, o Congresso Nacional aprovou, e o presidente da República sancionou a nova Lei de Licitações e Contratos, agora produzindo efeitos em âmbito nacional, embora respeitando a autonomia dos estados, do Distrito Federal e dos municípios. A nova Lei Geral veio como uma consequência natural da Constituição Federal aprovada em 1988. O texto constitucional, em seu art. 22, inc. XXVII, trouxe para a União a competência privativa para legislar sobre normas gerais de licitação e contratação. O art. 37 do texto constitucional, em seu inciso XXI, dispõe:

> XXI - ressalvados os casos especificados na legislação, as obras, serviços, compras e alienações serão contratados mediante processo de licitação pública que assegure igualdade de condições a todos os concorrentes, com cláusulas que estabeleçam obrigações de pagamento, mantidas as condições efetivas da proposta, nos termos da lei, o qual somente permitirá as exigências de qualificação técnica e econômica indispensáveis à garantia do cumprimento das obrigações.

Muito embora a mudança de enfoque, passando a ser uma lei nacional, e não mais exclusivamente federal, o estatuto jurídico aprovado baseou-se fundamentalmente nas disposições do antigo Decreto-Lei nº 2.300, de 1986. Poucas foram, efetivamente, as alterações processadas naquele texto. Na parte que nos interessa neste momento, o Sistema de Registro de Preços veio no art. 15 da Lei nº 8.666, de 21 de junho de 1993, com redação muito semelhante à do art. 14 do DL nº 2.300, mas com importantes complementos:

> Art. 15. As compras, sempre que possível, deverão:
>
> I - atender ao princípio da padronização, que imponha compatibilidade de especificações técnicas e de desempenho, observadas, quando for o caso, as condições de manutenção, assistência técnica e garantia oferecidas;
>
> II - ser processadas através de sistema de registro de preços;
>
> III - submeter-se às condições de aquisição e pagamento semelhantes às do setor privado;
>
> IV - ser subdivididas em tantas parcelas quantas necessárias para aproveitar as peculiaridades do mercado, visando economicidade;
>
> V - balizar-se pelos preços praticados no âmbito dos órgãos e entidades da Administração Pública.
>
> §1º O registro de preços será precedido de ampla pesquisa de mercado.
>
> §2º Os preços registrados serão publicados trimestralmente para orientação da Administração, na imprensa oficial.

§3º O sistema de registro de preços será regulamentado por decreto, atendidas as peculiaridades regionais, observadas as seguintes condições:

I - seleção feita mediante concorrência;

II - estipulação prévia do sistema de controle e atualização dos preços registrados;

III - validade do registro não superior a um ano.

§4º A existência de preços registrados não obriga a Administração a firmar as contratações que deles poderão advir, ficando-lhe facultada a utilização de outros meios, respeitada a legislação relativa às licitações, sendo assegurado ao beneficiário do registro preferência em igualdade de condições.

§5º O sistema de controle originado no quadro geral de preços, quando possível, deverá ser informatizado.

§6º Qualquer cidadão é parte legítima para impugnar preço constante do quadro geral em razão de incompatibilidade desse com o preço vigente no mercado.

A redação já dá a entender que o SRP voltava à ideia original de se tratar de um sistema objetivando futuras contratações. Isso fica claro em pelo menos dois momentos:

1 – quando a Lei determina que o SRP tenha um processo seletivo, obrigatoriamente realizado utilizando-se a modalidade licitatória denominada concorrência; e,

2 – quando a Lei determina que a administração pública não está obrigada a realizar as contratações decorrentes do registro de preços.

Ainda assim, a nova lei, muito provavelmente por ter se baseada no DL anterior, em seu art. 24, quando trata da dispensa de licitação, manteve, em seu inciso VIII, a hipótese para a situação em que todas as propostas apresentadas consignarem preços manifestamente superiores aos praticados no mercado, permitindo a contratação direta por valor não superior ao constante do registro de preços.

Mais uma vez, repetindo procedimento da norma equivalente anterior, no caso, o DL nº 2.300, de 1986, estabeleceu a necessidade do SRP ser regulamentado por decreto. Agora, em se tratando de uma lei nacional, inteligentemente e respeitando as desigualdades que se registram costumeiramente em um país de dimensões continentais, o legislador estabeleceu que os decretos deveriam atender as peculiaridades regionais, desde que seguissem, aí obrigatoriamente, as três condicionantes estabelecidas no §3º do art. 15.

Somente em 1998, o SRP instituído pela Lei nº 8.666, de 1993, foi finalmente regulamentado no âmbito da administração pública federal. O Decreto nº 2.743, de 21 de agosto de 1998, regulamentou o SRP como um sistema de contratações. Destaque-se que, não só na Lei nº 8.666, de 1993, como no Decreto nº 2.743, de 1988, o sistema destinava-se exclusivamente às aquisições de bens, não podendo ser utilizado, portanto, para contratação de serviços, assunto que será detalhado adiante.

Em 17 de julho de 2002, foi sancionada a Lei nº 10.520, que instituiu o pregão como modalidade licitatória em todos os entes federativos. Vale lembrar que o pregão foi instituído no âmbito da União pela Medida Provisória nº 2.026, de 4 de maio de 2000. Essa MP foi sucessivamente renovada, com alterações, até chegarmos à MP nº 2.182-18, 23 de agosto de 2001. A Lei nº 10.520, de 2002, trouxe uma novidade em relação ao SRP. Em seu art. 11, assim dispõe o texto legal:

Art. 11. As compras e contratações de bens e serviços comuns, no âmbito da União, dos Estados, do Distrito Federal e dos Municípios, quando efetuadas pelo sistema de registro de preços previsto no art. 15 da Lei nº 8.666, de 21 de junho de 1993, poderão adotar a modalidade de pregão, conforme regulamento específico.

Por sua vez, o art. 12 do mesmo diploma legal acrescentou novo artigo na Lei nº 10.191, de 14 de fevereiro de 2001, nos seguintes termos:

Art. 12. A Lei nº 10.191, de 14 de fevereiro de 2001, passa a vigorar acrescida do seguinte artigo:

"Art. 2-A A União, os Estados, o Distrito Federal e os Municípios poderão adotar, nas licitações de registro de preços destinadas à aquisição de bens e serviços comuns da área da saúde, a modalidade do pregão, inclusive por meio eletrônico, observando-se o seguinte:

I. são considerados bens e serviços comuns da área da saúde, aqueles necessários ao atendimento dos órgãos que integram o Sistema Único de Saúde, cujos padrões de desempenho e qualidade possam ser objetivamente definidos no edital, por meio de especificações usuais do mercado.

II. quando o quantitativo total estimado para a contratação ou fornecimento não puder ser atendido pelo licitante vencedor, admitir-se-á a convocação de tantos licitantes quantos forem necessários para o atingimento da totalidade do quantitativo, respeitada a ordem de classificação, desde que que os referidos licitantes aceitem praticar o mesmo preço da proposta vencedora.

III. na impossibilidade do atendimento ao disposto no inciso II, excepcionalmente, poderão ser registrados outros preços diferentes da proposta vencedora, desde que se trate de objetos de qualidade ou desempenho superior, devidamente justificada e comprovada a vantagem, e que as ofertas sejam em valor inferior ao limite máximo admitido".

A grande novidade foi a expressa previsão da utilização do SRP para contratação de serviços, que não existia na Lei nº 8.666/1993, que só permitia a utilização para aquisição de bens.

O Decreto nº 2.743, de 1998, foi revogado e substituído pelo nº 3.931, de 19 de setembro de 2001, consideravelmente alterado pelo Decreto nº 4.342, de 23 de agosto de 2002. Já aí um regulamento muito mais completo, trazendo o SRP para uma realidade muito próxima da que hoje conhecemos, inclusive, já prevendo a utilização do SRP para contratação de serviços, pela primeira vez em se tratando de regulamento federal. Foi, inclusive, o Decreto nº 3.931, de 2001, que institui a figura da adesão tardia, que será devidamente analisada em capítulo específico.

Nessa série histórica, temos, em sequência, a Lei nº 12.462, que instituiu no ordenamento jurídico brasileiro o Regime Diferenciado de Contratações Públicas (RDC). Lei que veio ao mundo para viger durante determinado período, que iria até as contratações destinadas à realização dos Jogos Olímpicos e Paralímpicos, o RDC acabou tendo sua aplicação estendida para diversas outras finalidades, de tal modo que permanece vigente até hoje, prevendo-se sua revogação apenas quando da publicação do novo estatuto jurídico de licitações e contratos.

Na Lei do RDC, o SRP veio como um procedimento auxiliar das licitações, juntamente com a pré-qualificação permanente, o cadastramento e o catálogo eletrônico de padronização. A regulamentação do RDC foi registrada através do Decreto nº 7.581, de 11 de outubro de 2011, significativamente alterado pelo Decreto nº 8.080, de 20 de agosto de 2013. Na parte que nos interessa neste momento, a grande novidade trazida por esse regulamento foi a expressa possibilidade de utilização do SRP para contratação de obras e serviços de engenharia, condição até então não relacionada nos normativos federais. Essa aplicação, no entanto, está condicionada a situações especiais. Assim dispõe o decreto:

Art. 89. O SRP/RDC poderá ser adotado para a contratação de bens, de obras com características padronizadas e de serviços, inclusive de engenharia, quando:

(...)

Parágrafo único. O SRP/RDC, no caso de obra, somente poderá ser utilizado:

I – nas hipóteses dos incisos III ou IV do *caput*; e

II – desde que atendidos, cumulativamente, os seguintes requisitos:

a) as licitações sejam realizadas pelo Governo federal;

b) as obras tenham projeto de referência padronizado, básico ou executivo, consideradas as regionalizações necessárias; e

c) haja compromisso do órgão aderente de suportar as despesas das ações necessárias à adequação do projeto padrão às peculiaridades da execução.

Finalmente, o Decreto nº 3.931, de 2001, foi revogado e substituído pelo de nº 7.892, de 23 de janeiro de 2013, que é, hoje, o regulamento federal para utilização do SRP. Também nesse caso, várias alterações já foram processadas no texto original através dos Decretos nº 8.250, de 23 de maio de 2014, e nº 9.488, de 30 de agosto de 2018. Alterações substanciais, registre-se, sobre as quais discorremos adiante.

Também na Lei das Estatais, a Lei nº 13.303, de 30 de junho de 2016, encontramos a presença do SRP. A exemplo da Lei do RDC, no caso das estatais o SRP veio como um procedimento auxiliar das licitações:

Art. 63. São procedimentos auxiliares das licitações regidas por esta Lei:

I - pré-qualificação permanente;

II - cadastramento;

III - sistema de registro de preços;

IV - catálogo eletrônico de padronização.

Parágrafo único. Os procedimentos de que trata o *caput* deste artigo obedecerão a critérios claros e objetivos definidos em regulamento.

Em relação especificamente ao SRP, a Lei nº 13.303/2016 dispõe:

Art. 66. O Sistema de Registro de Preços especificamente destinado às licitações de que trata esta Lei reger-se-á pelo disposto em decreto do Poder Executivo e pelas seguintes disposições:

§1º Poderá aderir ao sistema referido no caput qualquer órgão ou entidade responsável pela execução das atividades contempladas no art. 1º desta Lei.

§2º O registro de preços observará, entre outras, as seguintes condições:

I - efetivação prévia de ampla pesquisa de mercado;

II - seleção de acordo com os procedimentos previstos em regulamento;

III - desenvolvimento obrigatório de rotina de controle e atualização periódicos dos preços registrados;

IV - definição da validade do registro;

V - inclusão, na respectiva ata, do registro dos licitantes que aceitarem cotar os bens ou serviços com preços iguais ao do licitante vencedor na sequência da classificação do certame, assim como dos licitantes que mantiverem suas propostas originais.

§3º A existência de preços registrados não obriga a administração pública a firmar os contratos que deles poderão advir, sendo facultada a realização de licitação específica, assegurada ao licitante registrado preferência em igualdade de condições.

Como se observa, a lei determina a necessidade da existência de um decreto do Poder Executivo para regulamentá-lo, norma essa ainda não editada até este momento. O Decreto nº 8.945, de 27 de dezembro de 2016, que regulamentou a lei no âmbito da União, especificou, em seu art. 71, *verbis*:

Art. 71. O regime de licitação e contratação da Lei nº 13.303, de 2016, é autoaplicável, exceto quanto a:

I - procedimentos auxiliares das licitações, de que tratam os art. 63 a art. 67 da Lei nº 13.303, de 2016;

(...)

Verifica-se, assim, que o SRP, constante do art. 66, não é autoaplicável. Há necessidade de regulamentação específica para o sistema jurídico de contratação das estatais. Na ausência do decreto regulamentador, temos recomendado que as estatais o façam através de seus regulamentos internos, referidos especificamente no mesmo artigo:

Art. 71. O regime de licitação e contratação da Lei nº 13.303, de 2016, é autoaplicável, exceto quanto a:

(...)

§1º A empresa estatal deverá editar regulamento interno de licitações e contratos até o dia 30 de junho de 2018, que deverá dispor sobre o estabelecido nos incisos do *caput*, os níveis de alçada decisória e a tomada de decisão, preferencialmente de forma colegiada, e ser aprovado pelo Conselho de Administração da empresa, se houver, ou pela assembleia geral.

§2º É permitida a utilização da legislação anterior para os procedimentos licitatórios e contratos iniciados ou celebrados até a edição do regulamento interno referido no §1º ou até o dia 30 de junho de 2018, o que ocorrer primeiro.

Em todo esse alinhamento histórico do SRP, merece destaque, sem qualquer dúvida, a atuação do município de São Paulo, que não só foi o primeiro a regulamentar adequadamente o tema, como a utilizar efetivamente o sistema como um mecanismo muito útil para as suas contratações repetitivas. Neste momento, por dever de justiça, *in memoriam*, deve ser feita referência ao trabalho coordenado pela Dra. Eliana Goulart Leão. Como procuradora do município e presidente de comissões permanentes e especiais de licitação, em longo período (desde 1976 a 1993), a Dra. Eliana exerceu papel fundamental na implantação do SRP na capital paulistana. O pioneirismo fez com que o seu trabalho fosse reproduzido constantemente, fazendo com que o Sistema de Registro de Preços alcançasse, finalmente, a importância que tem hoje em nosso país.

Aproveitando sua experiência, a Dra. Eliana foi autora de uma das primeiras e mais importantes obras publicadas sobre o tema.[1]

---

[1] LEÃO, Eliana Goulart. *O sistema de registro de preços:* uma revolução nas licitações. Campinas: Bookseller, 1996.

CAPÍTULO 3

VANTAGENS DA APLICAÇÃO DO SISTEMA DE REGISTRO DE PREÇOS

Várias são as vantagens apresentadas pela aplicação do SRP. Não se trata, no entanto, de uma panaceia que possa resolver todas as dificuldades enfrentadas pela administração pública em seus processos de contratação. O SRP não elimina a necessidade de um bom planejamento; aliás, é parte integrante dele. Um bom planejamento de contratações passa pela análise das necessidades, identificando-as, inclusive, em relação ao momento de efetivação e dos quantitativos a serem requeridos. Aí entra o SRP, especialmente em relação àquelas contratações cujo planejamento indique uma necessidade repetitiva.

Vamos relacionar, a seguir, algumas das vantagens da aplicação do sistema, perfeitamente comprovadas pela administração pública, que já o utiliza, em alguns casos, há longo tempo.

Sem qualquer preocupação de ordenação em relação à importância, o que pode ser definido pela própria administração, em cada caso, diante de suas peculiaridades, podemos citar como primeira grande vantagem a desnecessidade da existência, no momento da licitação, de orçamento aprovado e, consequentemente, de disponibilidade orçamentária. Em situação contrária, em contratações rotineiras, fora do SRP, a legislação vigente exige a prévia comprovação dessa disponibilidade.

A Lei nº 8.666/1993, em seu art. 7º, ao tratar da contratação de obras e serviços, prevê, expressamente, na parte que nos interessa neste instante:

Art. 7º As licitações para a execução de obras e para a prestação de serviços obedecerão ao disposto neste artigo e, em particular, à seguinte sequência:

(...)

§2º As obras e os serviços somente poderão ser licitados quando:

(...)

III - houver previsão de recursos orçamentários que assegurem o pagamento das obrigações decorrentes de obras ou serviços a serem executadas no exercício financeiro em curso, de acordo com o respectivo cronograma;

Por sua vez, no art. 14, assim dispõe a lei ao tratar dos processos de aquisição:

Art. 14. Nenhuma compra será feita sem a adequada caracterização de seu objeto e indicação dos recursos orçamentários para seu pagamento, sob pena de nulidade do ato e responsabilidade de quem lhe tiver dado causa.

Verifica-se, assim, que, logo na primeira fase do processo, a assim corretamente denominada fase de planejamento, a administração precisa fazer constar dos autos, expressamente, a indicação da existência de recursos orçamentários que sejam capazes de assegurar o respectivo pagamento, quando do cumprimento das obrigações contratuais por parte do futuro contratado. Em sentido contrário, na licitação para registro de preços, tal indicação é desnecessária, como indica, de forma objetiva, o regulamento federal, representado pelo Decreto nº 7.892/2013, *verbis*:

Art. 7º A licitação para registro de preços (...)

(...)

§2º Na licitação para registro de preços não é necessário indicar a dotação orçamentária, que somente será exigida para a formalização do contrato ou outro instrumento hábil.

Qual o motivo que leva a essa desnecessidade? Enquanto em uma licitação tradicional a administração pública, ao realizar o certame licitatório, está indicando expressamente sua intenção de contratar o objeto nas condições estabelecidas no instrumento convocatório, na licitação para registro de preços a administração está indicando, apenas, seu *possível* interesse em formalizar a contratação, se efetivamente as condições de previsibilidade vierem a se confirmar. Não há, assim, o compromisso da contratar; há a intenção de, em havendo necessidade, contratar. Ora, se não existe o compromisso efetivo, não haveria motivo suficiente para que a administração viesse a demonstrar a existência de disponibilidade orçamentária, pois poderá ocorrer dessa contratação nem se mostrar conveniente.

Agora, como dispõe corretamente o regulamento, no momento em que a necessidade se tornar real e a administração resolver partir para a contratação, aí, sim, é imperativo demonstrar essa disponibilidade, pois estará sendo firmado um compromisso, que implicará, no momento devido, em um pagamento.

Destaque-se que esse assunto gerou, durante algum tempo, debate, tanto no âmbito doutrinário como no âmbito do controle externo. O Tribunal de Contas da União adotou, durante algum tempo, o entendimento de que essa indicação da existência de dotação orçamentária era, sim, obrigatória nos processos que objetivam o registro de preços. Exemplos são citados a seguir:

> 5.3.3. Quanto à tese de que o sistema de registro de preços dispensa a previsão da disponibilidade orçamentária, tem-se que o art. 14 da Lei nº 8.666/93 é claro ao estabelecer que nenhuma compra será feita sem a indicação dos recursos orçamentários para seu pagamento, de modo que sua previsão no edital deve ser inafastável. Desse modo, a interpretação lançada pela CGL/MJ não justifica a ausência da dotação orçamentária no edital do pregão em análise.

A deliberação do acórdão foi:

> 9.2.3. nas próximas licitações na modalidade pregão, inclusive os que tenham por finalidade o registro de preços:
> (...)
> 9.2.3.2. inclua no edital a respectiva dotação orçamentária, conforme o disposto no art. 14 da Lei nº 8.666/1993;[2]

---

[2] BRASIL. Tribunal de Contas da União. *Acórdão nº 714/2010-P*. Disponível em: www.tcu.gov.br. Acesso em: 27 abr. 2020.

No ano seguinte, o entendimento do TCU evoluiu no sentido de que a indicação dos recursos seria imperativa apenas nos casos em que, pelas características do objeto, a contratação se tornasse compulsória, ainda que feita através de registro de preços. Nesse sentido, temos o Acórdão nº 2.077/2011-P:

> 9.8.3. é necessária a indicação dos recursos orçamentários para o pagamento, conforme prescrito no art. 14 da Lei 8.666/1993, nos casos em que restar configurada que a compra é compulsória, como ocorre com a aquisição de gêneros alimentícios para a merenda escolar, ainda que se trate de sistema de registro de preços;[3]

No mesmo sentido, tratando de caso concreto, assim deliberou a Corte de Contas, no Acórdão nº 1.291/2011-P:

> 8.1. No que se refere à ausência de previsão de dotação orçamentária, por se tratar de sistema de registro de preços (item 2 do edital), a Secex/AM considerou que essa prescrição editalícia não encontra amparo legal, porquanto estabelece o art. 14 da Lei 8.666, de 1993, que nenhuma compra será feita sem a indicação dos recursos orçamentários para seu pagamento, sob pena de nulidade do ato e responsabilidade de quem lhe tiver dado causa. Segundo a unidade técnica, "Conquanto haja entendimento doutrinário de que aquisições, via sistema de registro de preços, dispensam a previsão de dotação orçamentária, por não obrigar a administração a adquirir o objeto licitado (Jacoby Fernandes, Sistema de Registro de Preços e Pregão Presencial e Eletrônico, 2ª Ed, 2006, pp. 97-99), consideramos que tal não se aplica ao caso de que se cuida, visto que produtos da alimentação escolar são gêneros de primeira necessidade, não sendo facultado à Administração optar por não adquiri-los".[4]

Em sentido contrário, a Advocacia-Geral da União (AGU), já no ano de 2009, publicara a Orientação Normativa nº 20, com o seguinte teor: "Na licitação para registro de preços, a indicação da dotação orçamentária é exigível apenas antes da assinatura do contrato".[5]

---

[3] BRASIL. Tribunal de Contas da União. *Acórdão nº 2.077/2011-P*. Disponível em: www.tcu.gov.br. Acesso em: 27 abr. 2020.

[4] BRASIL. Tribunal de Contas da União. *Acórdão nº 1.291/2011-P*. Disponível em: www.tcu.gov.br. Acesso em: 27 abr. 2020.

[5] BRASIL. Advocacia-Geral da União. *Orientação Normativa nº 20*. Disponível em: www.agu.gov.br. Acesso em: 27 abr. 2020.

O Decreto Federal nº 7.892/2013 pacificou o entendimento. Essa condição traz, para a administração pública contratante, uma flexibilidade maior na condução de seus processos. Imaginemos que certo órgão/entidade da administração esteja negociando a formalização de um convênio, que trará como consequência, entre outras, a necessidade de realizar algumas contratações, como regra através de procedimento licitatório. Em tese, enquanto não formalizado o convênio, a administração não poderá fazer nenhuma licitação, pois, como visto, os artigos 7º e 14 da Lei nº 8.666/1993 não o permitem, pois não haverá como indicar a fonte orçamentária, ainda não existente. Desse modo, somente após a formalização é que os certames licitatórios poderiam ser disparados. Como licitação não é algo muito rápido, isso poderá trazer dificuldades para o cumprimento das obrigações conveniadas.

Ao revés, no entanto, se a perspectiva de formalização da parceria é real, mesmo antes dessa formalização a administração já poderia realizar as licitações, utilizando-se do SRP. A uma, tendo em vista a desnecessidade de indicação de disponibilidade orçamentária, que seria um entrave porque a mesma ainda não existiria. A duas, porque, na hipótese, que nunca pode ser completamente afastada, do convênio não vir a ser formalizado, por qualquer motivo, o registro de preços que já estivesse concretizado não traria nenhum tipo de embaraço, exatamente por não existir o efetivo compromisso da contratação dos bens e serviços envolvidos.

Deve-se, no entanto, ter a cautela de não tentar aproveitar essa vantagem para burlar as disposições do ordenamento jurídico. Eventualmente, a administração tem a necessidade de fazer determinada aquisição ou contratação de serviço. Não se trata, no entanto, de aquisição/contratação para registro de preços, pois não existe a perspectiva de repetição da mesma necessidade em momentos futuros. É uma aquisição/contratação para atender uma necessidade específica daquele momento. Porém, no momento em que essa necessidade se manifesta, a administração não conta com disponibilidade orçamentária, por ainda não ter sido aprovado e liberado o orçamento anual. Temos tido notícias no sentido de que, para evitar ter que esperar a aprovação do orçamento para só então realizar a licitação, o que levaria algum tempo e poderia prejudicar o atendimento de uma necessidade, o órgão/entidade realiza uma licitação para registro de preços. Concluída a licitação, firma a ata e aguarda a aprovação do orçamento anual. Quando isso ocorre, faz a contratação do quantitativo total registrado na ata, de uma só vez. É uma burla ao procedimento, não aceita, obviamente, pelos órgãos de controle, que deve, então, ser absolutamente evitada. Vamos detalhar esse assunto em capítulo posterior.

A segunda grande vantagem é a redução de estoques de materiais de uso constante, mas, efetivamente, impreciso, especialmente em relação aos quantitativos e às épocas da real necessidade. Como regra, os órgãos da administração trabalham com almoxarifados, mantendo um estoque desses materiais para um período que costuma ficar entre 6 e 8 meses.

Ora, estoque significa, de um lado, recursos orçamentários investidos para a aquisição; de outro, necessidade de áreas físicas para estocagem dos materiais. No primeiro caso, haverá sempre a necessidade de, no momento da realização do certame licitatório, indicar a fonte orçamentária disponível. Se ela não existir, nem a licitação poderá ser feita, muito menos a contratação do fornecimento. No segundo caso, áreas físicas disponíveis para estocagem implicam na necessidade de investimentos para construí-las, com dispêndio de apreciável volume de recursos. Muitas vezes, inclusive, essas áreas demandam condições especiais, como, por exemplo, de refrigeração, especialmente nas regiões do nosso território que apresentam níveis de umidade do ar mais elevados. Essa umidade provoca desgaste em alguns materiais, podendo levar até mesmo à perda, como no caso de estocagem de papel. O investimento fica ainda maior.

A utilização do SRP implica, por assim dizer, na transferência da responsabilidade da estocagem para o vencedor da licitação, o assim denominado detentor da Ata de Registro de Preços. Como ele tem o compromisso de fornecer o material sempre que demandado pela administração, deverá ter uma garantia de poder fornecedor, o que ele deve providenciar junto ao fabricante do bem, quando for o caso, ou ao seu fornecedor, se ele for apenas um intermediário.

Temos recomendado que a administração, nessa hipótese, mantenha consigo um estoque de segurança adequado para evitar que, na falha do fornecimento – que pode ocorrer, claro –, não fique prejudicada. É a aplicação prática de uma boa gestão de risco. A depender da periodicidade conveniente para cada tipo de material, que a administração mantenha um estoque para algo em torno de dois meses, tempo suficiente para, em ocorrendo a falha, poder tomar alguma providência tempestiva para evitar problemas.

Temos notícias de órgãos/entidades da administração pública que, a partir da utilização do SRP, conseguiram reduzir a área de estocagem de materiais em cerca de 75%. Se analisarmos o quanto isso representa em redução do investimento de construção, de manutenção dessas áreas e até mesmo na possibilidade de desmobilização desse recurso, veremos facilmente que se trata de valores muito expressivos, extremamente compensadores, constituindo mais uma grande vantagem da utilização do sistema.

Para examinarmos o que consideramos a terceira grande vantagem, precisamos discorrer sobre as figuras do parcelamento do objeto e do fracionamento da despesa na administração pública. A primeira, legal e obrigatória, na medida do possível; a segunda, ilegal, devendo, portanto, ser evitada.

A Lei nº 8.666/1993 assim dispõe, em seu art. 23:

> Art. 23. As modalidades de licitação a que se referem os incisos I a III do artigo anterior serão determinadas em função dos seguintes limites, tendo em vista o valor estimado da contratação:
>
> (...)
>
> §1º As obras, serviços e compras efetuadas pela Administração serão divididas em tantas parcelas quantas se comprovarem técnica e economicamente viáveis, procedendo-se à licitação com vistas ao melhor aproveitamento dos recursos disponíveis no mercado e à ampliação da competitividade sem perda da economia de escala.
>
> §2º Na execução de obras e serviços e nas compras de bens, parceladas nos termos do parágrafo anterior, a cada etapa ou conjunto de etapas da obra, serviço ou compra, há de corresponder licitação distinta, preservada a modalidade pertinente para a execução do objeto em licitação.
>
> (...)
>
> §5º É vedada a utilização da modalidade "convite" ou "tomada de preços", conforme o caso, para parcelas de uma mesma obra ou serviço, ou ainda para obras e serviços da mesma natureza e no mesmo local que possam ser realizadas conjunta e concomitantemente, sempre que o somatório de seus valores caracterizar o caso de "tomada de preços" ou "concorrência", respectivamente, nos termos deste artigo, exceto para as parcelas de natureza específica que possam ser executadas por pessoas ou empresas de especialidade diversa daquela do executor da obra ou serviço.

É necessário analisarmos e adequarmos os parágrafos acima transcritos para aplicarmos corretamente os dois institutos já mencionados. No §1º, temos uma disposição impositiva: obras, serviços e compras *serão* divididas. A lei não traz uma discricionariedade. Se o fizesse, a disposição seria diferente: obras, serviços e compras poderão ser divididas. Qual a razão dessa imposição? O texto legal já traz a justificativa: objetiva o melhor aproveitamento dos recursos disponíveis no mercado e a ampliação da competitividade.

Trata-se, no entanto, de uma disposição condicionada: a divisão fica condicionada à comprovação da viabilidade técnica e econômica do objeto, sem perda da economia de escala. Observe-se: viabilidade técnica *e* econômica. A conjugação das duas é imposta pela lei.

Significa dizer que, em sendo viável em termos técnicos e econômicos o parcelamento do objeto da contratação, ele deverá ser feito obrigatoriamente. O que a administração deve fazer, sempre, é verificar se existe ou não essa viabilidade, não existindo discricionariedade para não adotá-la, se viável. Nesse sentido, a Súmula nº 247/2004, do TCU:

> É obrigatória a admissão da adjudicação por item e não por preço global, nos editais das licitações para a contratação de obras, serviços, compras e alienações, cujo objeto seja divisível, desde que não haja prejuízo para o conjunto ou complexo ou perda de economia de escala, tendo em vista o objetivo de propiciar a ampla participação de licitantes que, embora não dispondo de capacidade para a execução, fornecimento ou aquisição da totalidade do objeto, possam fazê-lo com relação a itens ou unidades autônomas, devendo as exigências de habilitação adequar-se a essa divisibilidade.

O Acórdão nº 1.830/2010-P, do TCU, é bem elucidativo a respeito:

> 9.2. alertar a Prefeitura de Trindade/GO para que observe rigorosamente, em suas futuras licitações em que haja emprego de recursos federais, o previsto nos artigos 23, §1º, e 3º, §1º, inciso I, da Lei 8.666/93, bem como na Súmula 247 do TCU, relativos à necessária divisão do objeto licitado em tantas parcelas quantas se comprovarem técnica e economicamente viáveis, com vistas ao melhor aproveitamento dos recursos disponíveis no mercado e à ampliação da competitividade, sem perda da economia de escala;[6]

---

[6] BRASIL. Tribunal de Contas da União. *Acórdão nº 1.830/2010-P*. Disponível em: www.tcu.gov.br. Acesso em: 27 abr. 2020.

Como vemos no §2º do art. 23 da Lei de Licitações, acima transcrito, sendo parcelado o objeto, a cada parcela corresponderá uma licitação. Na realidade, poderá ser realizado um único procedimento licitatório, mas dividido em itens, cada parcela correspondendo a um item. Ainda que possa ser desnecessário, vale lembrar que uma licitação realizada por itens, e não por preço global, significa, efetivamente, a realização de vários certames licitatórios, pois cada item será um certame. Eles são reunidos em um único procedimento apenas por economia processual. Cada item é distinto. O licitante pode participar dos itens que desejar, sem a obrigação de participar de todos. Teremos um licitante vencedor para cada item (o que não impede que, eventualmente, o mesmo licitante seja vencedor em vários itens).

O fundamental vem a seguir: diz a parte final do §2º do art. 23 que, nessas licitações distintas (ou licitação por itens), deve ser preservada a modalidade pertinente ao objeto como um todo. Lembremos que, na Lei nº 8.666/1993, a modalidade de licitação a ser utilizada depende do valor estimado da contratação. Hoje, estão vigentes os seguintes limites:

VALORES-LIMITE PARA CONTRATAÇÕES NA LEI Nº 8.666/1993				
Modalidade	Dispensa	Convite	TP	Concorrência
Engenharia	33 mil	330 mil	3,3 milhões	Acima de 3,3 milhões
Compras e outros serviços	17,6 mil	176 mil	1,4 milhão	Acima de 1,4 milhão

Hoje, em função da pandemia do novo coronavírus, foi editada a Medida Provisória nº 961, de 6 de maio de 2020, ajustando os valores-limite para dispensa de licitação, em função das necessidades especiais ditadas pelas necessidades da época. Os novos limites são aplicáveis aos contratos firmados no período de vigência do estado de calamidade pública reconhecido pelo Decreto Legislativo nº 6, de 20 de março de 2020, ou seja, até 31 de dezembro de 2020, independentemente do prazo de vigência original desses contratos ou do prazo de suas prorrogações. Ficaram assim os limites:

Art. 1º Ficam autorizados à administração pública de todos os entes federativos, de todos os Poderes e órgãos constitucionalmente autônomos:

I - a dispensa de licitação de que tratam os incisos I e II do caput do art. 24 da Lei nº 8.666, de 21 de junho de 1993, até o limite de:

a) para obras e serviços de engenharia até R$ 100.000,00 (cem mil reais), desde que não se refiram a parcelas de uma mesma obra ou serviço, ou, ainda, para obras e serviços da mesma natureza e no mesmo local que possam ser realizadas conjunta e concomitantemente; e

b) para outros serviços e compras no valor de até R$ 50.000,00 (cinquenta mil reais) e para alienações, desde que não se refiram a parcelas de um mesmo serviço, compra ou alienação de maior vulto que possa ser realizada de uma só vez;

É interessante notar que esses limites não devem ser observados em cada processo, mas, sim, em cada exercício financeiro. Como os nossos orçamentos são anuais, com vigência coincidente com o ano civil, a cada ano, para o mesmo objeto, a administração não pode ultrapassar os limites indicados. Por exemplo: se, ao longo do ano, o somatório das aquisições do mesmo objeto ultrapassar o limite da modalidade convite, essa modalidade não mais poderá ser utilizada naquele ano e para o mesmo objeto, ainda que o valor estimado esteja nela enquadrado.

Ainda que o objeto seja dividido em parcelas, considerando ter sido comprovada a viabilidade do parcelamento, a modalidade da licitação para cada parcela será única e determinada não pelo valor de cada parcela, mas, sim, pelo valor do objeto como um todo, isto é, pelo somatório dos valores das parcelas. Agir contrariamente a essa disposição seria infringir as disposições legais, caracterizando o que se denomina fracionamento da despesa. Muito embora parcelamento e fracionamento possam ser considerados sinônimos – afinal, a fração é uma parcela do todo –, para efeito dos processos de contratação na administração pública significam procedimentos opostos. Afinal, como vimos, o parcelamento é imposto pela Lei Geral, no §1º do art. 23; o fracionamento é vedado no §2º do mesmo artigo.

Para não deixar qualquer dúvida a respeito, o §5º, também transcrito alhures, veda a utilização da modalidade convite ou tomada de preços para parcelas de um mesmo objeto, quando o somatório dos valores das parcelas ultrapassar o limite da modalidade. Exemplificativamente: se precisamos licitar a aquisição de um objeto cujo valor global seja de R$400.000,00, que seja dividido em 3 parcelas, com os respectivos valores de R$90.000,00, R$150.000,00 e R$160.000,00, todas elas deverão ser obrigatoriamente licitadas utilizando a modalidade tomada de preços. Ainda que as parcelas tenham, individualmente, valores enquadrados dentro do limite máximo da modalidade convite, esta não pode ser adotada, pois o que definirá a modalidade não é o valor da parcela, mas, sim, o somatório desses valores, e este ultrapassa o limite de convite.

Claro que, em sendo utilizada a modalidade pregão, que não tem limite de valor para uso, deixa de existir o risco do fracionamento da despesa. Da mesma forma, se a administração utilizar sempre a modalidade concorrência, não incorrerá em risco de fracionamento de despesas, pois essa modalidade não possui um valor anual limite de utilização.

Parcelamento do objeto é uma diretriz fundamental dos processos de contratação; vedação ao fracionamento da despesa, também. Na Lei nº 12.462/2011, que instituiu o RDC, o parcelamento também está expressamente estabelecido como uma diretriz fundamental, como vemos em seu art. 4º, inc. VI:

> Art. 4º Nas licitações e contratos de que trata esta Lei serão observadas as seguintes diretrizes:
>
> I - padronização do objeto da contratação relativamente às especificações técnicas e de desempenho e, quando for o caso, às condições de manutenção, assistência técnica e de garantia oferecidas;
>
> II - padronização de instrumentos convocatórios e minutas de contratos, previamente aprovados pelo órgão jurídico competente;
>
> III - busca da maior vantagem para a administração pública, considerando custos e benefícios, diretos e indiretos, de natureza econômica, social ou ambiental, inclusive os relativos à manutenção, ao desfazimento de bens e resíduos, ao índice de depreciação econômica e a outros fatores de igual relevância;
>
> IV - condições de aquisição, de seguros, de garantias e de pagamento compatíveis com as condições do setor privado, inclusive mediante pagamento de remuneração variável conforme desempenho, na forma do art. 10; *(inciso com redação alterada pela Lei nº 12.980, de 28 de maio de 2014)*
>
> V - utilização, sempre que possível, nas planilhas de custos constantes das propostas oferecidas pelos licitantes, de mão de obra, materiais, tecnologias e matérias-primas existentes no local da execução, conservação e operação do bem, serviço ou obra, desde que não se produzam

prejuízos à eficiência na execução do respectivo objeto e que seja respeitado o limite do orçamento estimado para a contratação; e

VI - parcelamento do objeto, visando à ampla participação de licitantes, sem perda de economia de escala.

Da mesma forma, na Lei nº 13.303/2016, Lei das Estatais, art. 32, inc. III:

> Art. 32. Nas licitações e contratos de que trata esta Lei serão observadas as seguintes diretrizes:
>
> I - padronização do objeto da contratação, dos instrumentos convocatórios e das minutas de contratos, de acordo com normas internas específicas;
>
> II - busca da maior vantagem competitiva para a empresa pública ou sociedade de economia mista, considerando custos e benefícios, diretos e indiretos, de natureza econômica, social ou ambiental, inclusive os relativos à manutenção, ao desfazimento de bens e resíduos, ao índice de depreciação econômica e a outros fatores de igual relevância;
>
> III - parcelamento do objeto, visando a ampliar a participação de licitantes, sem perda de economia de escala, e desde que não atinja valores inferiores aos limites estabelecidos no art. 29, incisos I e II;
>
> IV - adoção preferencial da modalidade de licitação denominada pregão, instituída pela Lei nº 10.520, de 17 de julho de 2002, para a aquisição de bens e serviços comuns, assim considerados aqueles cujos padrões de desempenho e qualidade possam ser objetivamente definidos pelo edital, por meio de especificações usuais no mercado;
>
> V - observação da política de integridade nas transações com partes interessadas.

Voltando ao tema principal, a terceira grande vantagem do SRP é exatamente propiciar a aplicação efetiva do princípio do parcelamento do objeto, evitando o fracionamento da despesa. Estamos tratando de objetos cuja necessidade prevista é repetitiva. Assim, ao longo do ano, ou a administração realiza uma ou duas compras de quantidades maiores, ou adquire quantidades mais reduzidas, mas terá que realizar várias licitações. No primeiro caso, vai gerar estoques grandes, recursos imobilizados e maiores áreas para estocagem; no segundo, corre o risco de fracionar despesas ou, para não fazê-lo, acaba tendo que realizar sucessivas licitações em modalidades mais complexas, em processos mais demorados.

Com o SRP, o risco desaparece, pois a licitação deverá ser realizada sempre utilizando as modalidades concorrência ou pregão, como define a legislação vigente. Atende-se ao parcelamento do objeto, sem que exista o risco do fracionamento da despesa, pois, como não há limite de uso da modalidade, não existe o risco de o mesmo ser ultrapassado.

A quarta grande vantagem é a redução da quantidade de licitações que precisam ser realizadas a cada ano. Como a vigência da ata pode chegar a até 12 meses, passamos a ter a possibilidade de, em tese, realizar uma única licitação por ano para os objetos cujos preços forem registrados.

Todos sabemos que a licitação sempre traz consigo uma boa probabilidade de risco (risco de demora, risco de não ser obtida a proposta mais vantajosa, risco de demandas administrativas e até mesmo judiciais etc.). Costuma-se afirmar que licitação é um procedimento para o qual sabemos o momento de seu início, mas temos apenas uma perspectiva do momento de sua conclusão, perspectiva que pode se confirmar ou não. Dessa maneira, a redução do quantitativo de licitações, além de reduzir o risco de insucesso, traz mais tranquilidade para a administração, que passará a contar com mais tempo para realizar uma boa fase de planejamento, com estudos preliminares bem executados, elaboração de um bom termo de referência etc. Um bom trabalho na fase de planejamento normalmente conduz a um bom resultado ao final do processo de contratação.

Com a implantação do SRP e a consequente redução do quantitativo de certames licitatórios a serem realizados, a administração poderá planejar e gerenciar melhor essas contratações, o que, somado às outras vantagens já mencionadas e àquelas que ainda serão comentadas, tende a trazer um bom resultado final em termos de economia, celeridade e ganho técnico.

Mais uma grande vantagem da implantação do sistema advém com a possibilidade de drástica redução do lapso temporal que se observa entre a identificação da necessidade e a efetivação da contratação. Como regra, a partir do momento em que o órgão/entidade identifica uma necessidade a ser satisfeita, quer seja a aquisição de um bem, quer seja a contratação de um serviço, dá-se início a um processo formal, que passa necessariamente pelas três fases perfeitamente definidas, que são: planejamento da contratação, seleção do fornecedor e gestão/fiscalização da execução contratual. Com maior ou menor detalhamento, conforme o caso, essas fases devem ser atendidas obrigatoriamente.

Os que conhecem a atividade pública sabem que as duas primeiras fases são usualmente demoradas. No planejamento, há uma série de atos a serem praticados, normalmente envolvendo diversos setores da administração, como, por exemplo, o setor requisitante, o setor especializado em contratações, o setor técnico e o setor jurídico. A prática desses atos leva a um dispêndio de tempo que não pode ser desprezado, especialmente considerando a quase sempre presente carência de servidores/funcionários, não só em termos quantitativos, como em termos de qualificação. Muitas vezes, até, a administração não consegue encontrar em seus quadros pessoas devidamente qualificadas para a prática dos atos indispensáveis nesse momento do processo, que, na maioria dos casos, é a fase mais importante dentre todas as necessárias.

Tudo que a administração realizar na fase de planejamento vai se refletir nos momentos posteriores (a fase de seleção da proposta mais vantajosa e a fase de execução contratual) – por isso a sua importância fundamental. É regra que o bom desenvolvimento da etapa de planejamento tende a conduzir o processo a resultados bastante vantajosos, com a efetiva seleção de uma boa, a melhor, proposta, e com a execução da avença transcorrendo sem maiores sobressaltos. Inversamente, se a etapa de planejamento for conduzida de maneira inadequada, a tendência é que existam problemas de toda ordem nas fases posteriores (a licitatória e a da execução contratual).

Para que o planejamento seja bem feito, a administração precisa de servidores qualificados e tempo disponível para que eles desenvolvam suas ideias. Qualificação é um imperativo que parece começar a ser entendido; afinal, qualificação é investimento. Agora, dispor de tempo para planejar é algo que, muitas vezes, foge ao controle da administração por uma série de fatores, dentre os quais o volume de trabalho gerado pela quantidade de processos de contratação.

Por sua vez, a realização da licitação pode transcorrer de modo mais rápido, especialmente com a utilização da modalidade pregão, mas também pode ser demorada – algumas vezes, bastante demorada. Tudo isso de modo que não fica sob controle da administração. Afinal, não há como controlar a possibilidade de interposição de recurso contra atos praticados; é um direito do licitante. Não há como controlar a possibilidade de demanda judicial; é natural no Estado de Direito.

Nesse aspecto, a grande vantagem da implantação do SRP é trazer as duas fases iniciais do processo para um momento anterior ao da efetiva necessidade. Quando se inicia um processo objetivando registrar preços, a administração não deve estar premida pela urgência, pela escassez de um material ou pela falta de um serviço. Tratando-se de necessidades que se repetem, como regra, é possível planejar a licitação muito antes da efetiva necessidade se concretizar. Com isso, sem a pressa que, normalmente, traz como consequência a imperfeição, o órgão/entidade poderá realizar uma fase de planejamento completa, praticando todos os atos indispensáveis, tudo sob discussões entre os interessados e os especialistas, tendendo, assim, a conseguir melhores resultados. De igual modo, a licitação poderá ser realizada sem que alguém esteja pressionando a comissão ou o pregoeiro a concluí-la o mais rapidamente possível, muitas vezes tendo até que atropelar certos atos, pois a demanda ainda não está presente. O objetivo é a contratação *futura* do objeto.

Concluída a licitação e formalizada a Ata de Registro de Preços, a administração ficará gerenciando o processo, fundamentalmente aguardando que a demanda se manifeste. Quando isso ocorrer, como o fornecedor/prestador do serviço já está selecionado e o preço já está definido, será possível formalizar a contratação em curtíssimo espaço de tempo. Podemos, até mesmo, criar um bordão: "Com o SRP, demande hoje, que eu contratarei amanhã".

Sim, isso é possível. Tudo estará pronto para formalizar a contratação, à espera, tão somente, da demanda. Obtém-se, assim, uma incomparável celeridade no processo, bem diferente do que ocorre nas situações tradicionais, nas quais, manifestada a demanda, será iniciado o processo de contratação, desde a fase de planejamento, passando pela fase licitatória.

Finalmente, para encerrar a análise das grandes vantagens do sistema, vamos falar um pouco sobre o controle dos preços. Sem maior detalhamento, pois isso será feito adiante, podemos afirmar que a manutenção do valor da contratação, nos termos das disposições legais vigentes, é uma vantagem para a administração. Especialmente nos momentos de economia estável, gerenciar o preço registrado é uma tarefa mais simples. E, como a contratação decorreu de um processo licitatório, no qual, presume-se, foi selecionada a proposta efetivamente mais vantajosa, manter essa vantagem por um período de tempo maior acaba trazendo para a administração pública a tranquilidade de que está sendo atendida por um preço justo, sem o risco do sobrepreço.

Para concluir este capítulo, cabe uma indagação: é possível dizer que o SRP traz vantagens, também, para os fornecedores? A resposta é positiva. Ser vitorioso em um certame licitatório e, com isso, assegurar o papel de fornecedor/prestador de serviço para um órgão/ entidade por um período mais longo, que pode ser de até um ano, sem a necessidade de participar de novas licitações nesse lapso de tempo, é, sim, uma vantagem para o fornecedor. Claro que, neste momento, é preciso considerar que o SRP tenha sido implantado por um órgão que efetivamente cumpra seu papel de administração pública. Estamos nos referindo a um órgão sério, que cumpre os seus compromissos da mesma forma que exige que o contratado o faça quanto aos dele, inclusive e especialmente o compromisso de pagar na forma e no prazo definidos desde o instrumento convocatório.

Vamos lembrar que, como a ata é firmada por prazos mais longos, envolvendo objetos cuja necessidade esperada é repetida periodicamente, os quantitativos registrados tendem a ser mais volumosos e, consequentemente, os negócios envolvidos, mais vantajosos financeiramente. Cria-se, ainda, para os fornecedores a possibilidade de contratações adicionais através da adesão tardia, assunto sobre o qual discorreremos em capítulo específico, mais adiante.

O SRP é, então, vantajoso para a administração pública e para o fornecedor. Temos ouvido falar, sim, de casos de insucesso na implantação do sistema. Nessas situações, temos recomendado que o caso específico seja devidamente analisado. Podemos estar diante de uma situação em que, pelas características do objeto, o SRP não fosse recomendado; podemos estar diante de uma situação de comportamento inadequado do fornecedor ou do próprio órgão/entidade; podemos estar diante de uma situação em que a implantação do SRP foi feita por pessoas despreparadas, não qualificadas. Enfim, exceções existem, mas a regra é que o SRP seja sempre vantajoso, tanto para a administração como para os fornecedores, recomendando-se, por isso mesmo, sua implantação.

Não se deve entender, no entanto, que o SRP seja uma solução definitiva para todos os problemas. Sua utilização depende de características específicas do processo, que, não existindo, podem derrubar todas as possíveis vantagens.

Nesse sentido, trazemos a lume elucidativa análise feita no âmbito do TCU, como se vê no trecho do voto do ministro relator do Acórdão nº 1.712/2015-P:

> 33. Quero deixar claro que *considero o sistema de registro de preços um avanço relevante em matéria licitatória*. Na medida em que a Administração Pública não é obrigada a contratar, o SRP proporciona uma solução

para o caso de necessidades variáveis, a serem satisfeitas de acordo com a demanda futura do contratante, mediante adesões em atas de registro de preço segundo suas reais necessidades em momentos diversos. A realização de uma licitação específica tem relativa rigidez no estabelecimento dos serviços e acarreta a necessidade de determinação precisa quanto aos quantitativos e prazos.

33. Outra grande vantagem do SRP é a redução da quantidade de licitações com objeto idêntico e sua utilização por vários órgãos distintos, o que induz a um ganho de escala nas contratações. Destaca-se também a possibilidade de a Administração promover a contratação imediata, tão logo verificada a existência de uma necessidade administrativa, eliminando burocracias.

34. Temos assistido, portanto, a uma verdadeira proliferação nas licitações para registro de preços por vários motivos. Além das vantagens elencadas acima, o sistema é muitas vezes utilizado porque a indicação da dotação orçamentária é exigível apenas antes da assinatura do contrato, conforme positivado no artigo 7º, §2º, Decreto 7.892/1993.

35. Assim, o SRP é mais uma poderosa arma num arsenal de mecanismos para melhor dotar os gestores de instrumentos para contratações que mais atendam o interesse público. Entretanto, *não pode ser indistintamente considerado um remédio para todos os males, pois alguns tipos de objeto, por suas singularidades e características não podem ser contratados mediante registro de preços.*

36. Sempre que não houver demanda de itens isolados, pelo fato de os serviços não poderem ser dissociados uns dos outros, não havendo, assim, a divisibilidade do objeto, considero não haver atendimento aos requisitos previstos no art. 3º do Decreto 7.892/13, que regulamenta o sistema de registro de preços. É o caso da contratação de obras, cuja utilização do SRP foi refutada pelo Acórdão 3.065/2014-TCU-Plenário, ou da própria prestação de serviços de eventos, que ora se discute, em que o parcelamento do objeto em itens de serviço é inviável, por resultar na contratação de dezenas de fornecedores/prestadores de serviço para a realização de um único evento.

37. Em outra circunstância, tratada no Acórdão 113/2012-TCU-Plenário, o Tribunal entendeu ser ilegal a utilização do sistema de registro de preços quando as peculiaridades do objeto a ser executado e a sua localização indicam que só será possível uma única contratação.

38. Por fim, em um sistema de registro de preços, os objetos devem ser padronizáveis, de modo a atender, amplamente, as necessidades dos adquirentes, qualquer que seja a sua localidade. É exatamente a ausência de padronização que impede a contratação de eventos por SRP. Em sua

manifestação, o próprio MPOG comunicou que, em consultas realizadas junto aos potenciais fornecedores, foi informado de que os custos no segmento de promoção de eventos são distintos entre as empresas e sofrem influência de diversos aspectos, como a propriedade dos bens ou sua locação com terceiros; as sazonalidades (ocorrência de feiras, festas, shows e outros eventos no mesmo dia e localidade); reduzida capacidade de atendimento de terceiros colaboradores (espaços de eventos, locadores de equipamentos etc.); volatilidade dos custos de mão de obra e dificuldade de composição de equipes; bem como as recorrentes demandas de última hora e exíguos prazos para cumprimento das obrigações contratuais.

39. Em tais objetos não padronizáveis por natureza, caracterizados por elevada imponderação em termos de satisfação das necessidades pelo adquirente, seja porque o problema é muito específico, seja porque não viabiliza a oferta de um justo preço que atenda a todos os interessados, o SRP é inaplicável. (Destaques nossos)[7]

---

[7] BRASIL. Tribunal de Contas da União. *Acórdão nº 1.712/2015-P*. Disponível em: www.tcu.gov.br. Acesso em: 27 abr. 2020.

CAPÍTULO 4

SITUAÇÕES EM QUE O SRP PODERÁ SER UTILIZADO

O Decreto Federal nº 7.892, de 2013, traz, em seu art. 3º, as hipóteses de utilização do SRP:

> Art. 3º O Sistema de Registro de Preços poderá ser adotado nas seguintes hipóteses:
>
> I - quando, pelas características do bem ou serviço, houver necessidade de contratações frequentes;
>
> II - quando for conveniente a aquisição de bens com previsão de entregas parceladas ou contratação de serviços remunerados por unidade de medida ou em regime de tarefa;
>
> III - quando for conveniente a aquisição de bens ou a contratação de serviços para atendimento a mais de um órgão ou entidade, ou a programas de governo; ou
>
> IV - quando, pela natureza do objeto, não for possível definir previamente o quantitativo a ser demandado pela Administração.

No Acórdão nº 2.392/2006-P, do TCU, o relator assim se manifestou sobre a relação de situações passíveis de aplicação do SRP, naquele momento constante do então vigente Decreto nº 3.931/2001, que em nada foi modificada pelo novo regulamento federal:

> 28. Compartilho da opinião de Marçal Justem Filho de que o elenco do art. 2º do regulamento é exaustivo, haja vista ser pouco provável localizar outra alternativa, além das ali existentes, para justificar pertinentemente a adoção do Sistema de Registro de Preços.[8]

---

[8] BRASIL. Tribunal de Contas da União. *Acórdão nº 2.392/2006-P*. Disponível em: www.tcu.gov.br. Acesso em: 27 abr. 2020.

Também entendemos que a relação constante do regulamento indicado é exaustiva. Não parece existir a possibilidade de enquadrarmos o SRP em outra situação.

A primeira hipótese citada é a da existência da possibilidade de contratações frequentes. Efetivamente, existem materiais e serviços para os quais a administração pública tem a perspectiva de necessidade periódica. Muitas vezes, no entanto, o quantitativo a ser demandado é impreciso, pois depende de circunstâncias fáticas. E até mesmo a época efetiva da necessidade é apenas prevista, pois fatos diferentes podem se apresentar, fazendo com que a periodicidade dessa necessidade seja modificada.

Alguns exemplos práticos podem ser citados. É natural que a administração preveja a necessidade de contar com alguns tipos de materiais de expediente, como o papel tamanho A4, ou com outros tipos de produtos comuns, como água mineral. Ainda que venha ocorrendo uma considerável migração para o processo eletrônico, em alguns níveis de governo, a necessidade de formalização de determinados documentos é quase que um imperativo em determinadas situações. O papel impresso ainda é, muitas vezes, insubstituível. Dessa forma, é natural que o órgão/entidade preveja a necessidade de ter certo quantitativo de papel em estoque.

O quantitativo a ser demandado é, entretanto, impreciso. Imaginemos que, pelo histórico recente, a administração tenha um consumo médio mensal de 300 resmas de papel tamanho A4. Se quiser fazer um estoque para 6 meses, deverá adquirir, assim, 1.800 resmas; para um ano, o dobro desse quantitativo. No entanto, é absolutamente normal que, em determinado mês, o consumo não seja exatamente de 300 resmas. Esse quantitativo é médio, exatamente por ser variável ao longo dos meses. Pode ocorrer uma redução ou um acréscimo em relação a esse total. Se ocorrer uma redução de consumo, haverá uma sobra de material ao final do período previsto para estocagem. Ao revés, se o consumo aumentar, pode ocorrer que o estoque previsto para 6 meses acabe por se tornar insuficiente.

Se o SRP estiver implantado, o estoque será constituído pela Ata de Registro de Preços. A administração demandará mensalmente o quantitativo que realmente necessitar. No primeiro mês, precisou de 300 resmas; fez essa aquisição. No final do mês, verifica-se que o consumo foi menor que o esperado – houve uma sobra de 40 resmas. Assim, a demanda no segundo mês será de 260 resmas, as quais, somadas à sobra do mês anterior, totalizam a necessidade prevista.

E, assim sucessivamente. Se, ao final do período de 6 meses, a demanda foi de tão somente 1.600 resmas, só elas serão pagas. A administração vai demandar e pagar apenas o que necessitar.

E no caso inverso? Demandamos 300 resmas para consumo em um mês, mas esse quantitativo acabou sendo consumido em 25 dias, por algum fato não esperado. Para que o produto não falte, basta fazer nova demanda. Lembremos que tanto o quantitativo quanto a periodicidade das demandas são apenas estimados, podendo ser alterados na medida da necessidade. Pode até ocorrer que, em algum mês, a administração nada precise demandar, pois a sobra do mês anterior é suficiente para o consumo. Pronto! Nada precisará contratar.

É comum indagar-se se esse procedimento não é equivalente a uma compra com entrega parcelada, aquele procedimento em que a administração faz uma licitação tradicional e, em seguida, formaliza a contratação prevendo a entrega de determinado quantitativo mensal.

Se bem observarmos a segunda hipótese para utilização do registro de preços, prevista no decreto federal, temos ali exatamente a situação da entrega parcelada de bens e a contratação parcelada de serviços, mas, rigorosamente, o SRP traz diferenças significativas em relação à contratação com fornecimento parcelado. Analisemos.

Tomando o mesmo exemplo acima indicado, seriam adquiridas 1.800 resmas para um consumo semestral, com a entrega de 300 resmas a cada mês. Nesse caso, diferentemente do que ocorre no SRP, o quantitativo a ser entregue e, consequentemente, pago será sempre este: 300 resmas a cada mês. Se, por determinada circunstância, o consumo mensal diminuir e, ao final do mês, sobrarem 100 resmas, ainda assim a administração receberá mais 300 resmas, ficando com um total de 400 para consumo no mês seguinte. Se houver sobra a cada mês, ao final do período haverá um quantitativo que precisará ser estocado, com todas as consequências da estocagem já acima examinadas.

Poderíamos perguntar: em havendo sobra, não haveria possibilidade da administração fazer uma supressão no quantitativo a ser entregue no mês seguinte? A resposta é positiva, mas dentro dos parâmetros legais. Nos termos do art. 65, §1º, da Lei nº 8.666/1993, o contratado só está obrigado a aceitar supressões até o limite de 25% do valor inicial atualizado do contrato. Acima desse limite, não pode haver imposição de supressão; ela poderá ser praticada se houver concordância do contratado, como dispõe o §2º do mesmo art. 65.

No caso das estatais, a situação é ainda mais complicada. A Lei nº 13.303, de 2016, em seu art. 68, deixa claro que os contratos firmados pelas estatais se regulam pelos preceitos de direito privado. Não haverá, portanto, nesses contratos as cláusulas exorbitantes, que desigualam os contratos, impondo a supremacia da administração pública. Para confirmar tal condição, o art. 81 desse diploma legal dispõe, na parte que nos interessa:

> Art. 81. Os contratos celebrados nos regimes previstos nos incisos I a V do art. 43 contarão com cláusula que estabeleça a possibilidade de alteração, por acordo entre as partes, nos seguintes casos:
>
> (...)
>
> §1º O contratado poderá aceitar, nas mesmas condições contratuais, os acréscimos ou supressões que se fizerem nas obras, serviços ou compras, até 25% (vinte e cinco por cento) do valor inicial atualizado do contrato, e, no caso particular de reforma de edifício ou de equipamento, até o limite de 50% (cinquenta por cento) para os seus acréscimos.

O texto legal é muito claro: muito embora o limite das supressões continue o mesmo (25% do valor inicial atualizado do contrato), a aceitação de qualquer redução é discricionária para o contratado, ao contrário do que acontece na Lei nº 8.666/1993, em que ela é uma imposição. Se ele não concordar, a supressão não poderá ocorrer.

Outra diferença fundamental entre o SRP e a compra parcelada está no período máximo de vigência do pacto. Dispõe o art. 57 da Lei de Licitações: "Art. 57. A duração dos contratos regidos por esta Lei ficará adstrita à vigência dos respectivos créditos orçamentários, exceto quanto aos relativos: (...)".

Embora a interpretação das disposições do art. 57 pareça ser bastante complicada, tão grande é a variação que observamos entre os doutrinadores e até mesmo nas cortes de contas, a regra constante do *caput* não indica maiores dificuldades. Como regra, a vigência dos contratos não pode ultrapassar a vigência dos créditos orçamentários.

Em nosso país, a Lei nº 4.320, de 17 de março de 1964, rege o direito financeiro da administração pública. Em seu art. 34, dispõe a lei: "Art. 34. O exercício financeiro coincidirá com o ano civil".

Conjugando as disposições das duas leis citadas, podemos concluir, sem maiores digressões, que, como regra, a duração dos contratos administrativos não poderá ultrapassar 31 de dezembro do ano em que se iniciam. Pode-se alegar, corretamente, que a própria Lei nº 8.666/1993, em seu art. 57, traz exceções a essa regra geral. Porém, constata-se que não existe exceção para contratos de fornecimento.

Estes, assim, devem ser encerrados, no máximo, em 31 de dezembro. Existe, apenas, a possibilidade de a entrega do material adquirido vir a ocorrer após essa data, mas, nesse caso, obrigatoriamente, a administração deve inserir o valor que já está empenhado, em restos a pagar, nos termos do art. 36 da Lei nº 4.320/1964: "Art. 36. Consideram-se Restos a Pagar as despesas empenhadas mas não pagas até o dia 31 de dezembro distinguindo-se as processadas das não processadas".

Quando o material for entregue, o pagamento será feito utilizando-se esse valor aí inscrito, de tal modo que será mantida a regra do art. 35, no sentido de que pertencem ao exercício financeiro as despesas nele legalmente empenhadas.

Desse modo, um contrato de fornecimento oriundo de uma licitação tradicional não pode ultrapassar 31 de dezembro. Essa obrigação não precisa ser observada quando aplicamos o SRP. Neste, como a ata não gera a *obrigação* de contratar e, consequentemente, como não há indicação de dotação orçamentária e nem empenho, não estará a administração vinculada ao término do exercício financeiro. A ata pode ter duração que ultrapasse 31 de dezembro. No momento em que for utilizá-la, aí, sim, a administração registrará a existência de dotação orçamentária e empenhará a despesa, empenho esse que terá validade até o final do exercício financeiro.

A terceira hipótese prevista no regulamento é o uso do registro de preços para aquisição de bens ou contratação de serviços para atendimento a mais de um órgão ou entidade ou a programas de governo. É certo que existem necessidades que são comuns a diversos órgãos/entidades. Materiais de expediente constituem um bom exemplo; certos tipos de equipamentos de tecnologia da informação, também; certos serviços são absolutamente comuns. Nesses casos, a contratação em conjunto pode trazer vantagens, advindas especialmente da escala da necessidade. O mercado pratica rotineiramente a economia de escala, procedimento no qual o custo unitário tende a ser mais reduzido à medida que aumenta a quantidade demandada.

O registro conjunto pode trazer vantagens financeiras, sim, mas duas condições precisam ser observadas. A primeira é que essa é apenas uma das hipóteses previstas para utilização do SRP. Não há necessidade de que o sistema seja feito para atender a mais de um órgão/entidade para que ele possa ser utilizado ou para que ele apresente vantagens. Se houver a oportunidade de fazer em conjunto, ótimo. Se for para atender apenas um órgão, ótimo, também.

A segunda condição que precisamos destacar é que o inciso III do art. 3º do regulamento federal está tratando do SRP conjunto, e não da compra compartilhada. Esta também tende a trazer a vantagem da economia de escala, mas tem como característica principal o atendimento de uma necessidade imediata, evidente, precisa, e não uma perspectiva de necessidade.

Nessa situação de contratações conjuntas, é conveniente lembrar as assim denominadas "compras nacionais". Segundo o Decreto Federal nº 7.892, de 2013:

> Art. 2º Para os efeitos deste Decreto, são adotadas as seguintes definições:
> (...)
> VI. compra nacional – compra ou contratação de bens e serviços, em que o órgão gerenciador conduz os procedimentos para registro de preços destinado à execução descentralizada de programa ou projeto federal, mediante prévia indicação da demanda pelos entes federados beneficiados; e

Trata-se, igualmente, de um processo destinado a atender simultaneamente a vários órgãos e entidades, sobre o qual discorreremos adiante.

Finalmente, o decreto elenca como hipótese de aplicação aquela em que, pelas características do bem ou do serviço, não for possível definir previamente o quantitativo a ser demandado. Essa hipótese já foi acima analisada, em conjunto com a de necessidades frequentes. O que precisa ser destacado, para a correta interpretação do texto legal, é que o regulamento está se referindo à dificuldade para definição *precisa* do quantitativo. Este sempre precisa ser identificado. Não se pode realizar uma licitação para um quantitativo indefinido. Afinal, não se pode licitar sem definir precisamente o seu objeto. Essa definição contém não apenas suas características fundamentais, como também o quantitativo necessário. O licitante não teria como apresentar proposta sem a definição do objeto. Em não sabendo a quantidade, não teria ele como aplicar o raciocínio da economia de escala.

O decreto está se referindo, portanto, às situações em que o quantitativo é impreciso, situação já abordada anteriormente.

Temos observado discussões sobre a necessidade ou não de o registro de preços estar condicionado ao atendimento conjunto de todas as quatro hipóteses elencadas no regulamento. Parece evidente que esse condicionamento não existe. Se observarmos atentamente as disposições do decreto, verificaremos que as hipóteses são alternativas. A conjunção *ou* ao final do inciso III deixa claro que as hipóteses são alternativas. Se atendida uma delas, o SRP já pode ser aplicado. Quais seriam as hipóteses em que o sistema não pode ser aplicado? Uma resposta genérica seria no sentido de que, em não se enquadrando nas alternativas do regulamento, o registro de preços não poderá ser utilizado. Existem algumas situações mais emblemáticas e, algumas vezes, discutíveis que precisam de análise.

Em primeiro lugar, não pode ser utilizado o SRP quando o objeto desejado trata de uma necessidade específica, a ser atendida em determinado momento, para a qual não exista qualquer perspectiva de repetição. Temos visto algumas situações em que a administração pública busca solucionar alguma dificuldade através da indevida utilização do SRP. Isso ocorre, por exemplo, quando ainda inexiste orçamento aprovado; há, apenas, uma perspectiva de aprovação. Pode ser uma parceria ainda não formalizada, mas que tenha uma boa possibilidade de concretização; pode ser um início de exercício, no qual a aprovação da lei orçamentária tenha sofrido algum atraso e a administração possua necessidades a serem atendidas. Nesses dois exemplos, a contratação a ser realizada almeja satisfazer uma situação única. Nas duas situações, o atendimento legal seria a realização de uma licitação tradicional, com uma contratação para entrega única. No entanto, a inexistência de fonte orçamentária impede a realização dessa licitação tradicional; a administração entende, assim, que poderá substituí-la por um registro de preços, solução sem qualquer amparo legal. Registre-se, por oportuno, que não estamos tratando aqui de posição doutrinária unânime. Há posição divergente, a ser respeitada, como sempre, pois o direito se completa exatamente através das discussões. O eminente mestre Jorge Ulisses Jacoby Fernandes tem entendimento divergente, com o real argumento de que a possibilidade de licitar sem orçamento abre um caminho para liberar o administrador, ainda que seja para uma única compra. Não há como negar que, muitas e muitas vezes, contratações deixam de ser realizadas porque o órgão fazendário competente só libera o orçamento no último dia do exercício.

De qualquer modo, com todo o respeito merecido por essa proeminente corrente doutrinária, preferimos nos posicionar ao lado daqueles que consideram faltar amparo legal para esse procedimento, por não estar previsto no ordenamento jurídico. Bem didático a respeito é o Acórdão nº 113/2012-P, do TCU, do qual extraímos o seguinte excerto:

Atenta contra os princípios da razoabilidade e da finalidade o ente público ("órgão gerenciador", nos termos do art. 1º, parágrafo único, III, do Decreto Federal nº 3.931/2001) valer-se do sistema de registro de preços para celebrar contrato com objeto absolutamente idêntico ao da ata que lhe deu origem, isto é, constituir uma ata de registro de preços para simplesmente firmar contrato pela totalidade do valor da ata. Não se pode aceitar aqui o argumento de que, nesse caso, a ata ainda teria utilidade para os "caronas", uma vez que sua finalidade precípua - sua razão maior de ser - é o atendimento às necessidades do "gerenciador" e dos eventuais "participantes" (art. 2º, III, do Decreto Federal nº 3.931/2001).[9]

Uma segunda situação em que a utilização do sistema pode ser considerada indevida é quando a administração realiza a licitação por lotes, mas pretende adquirir itens isolados. Como sabemos, o lote representa um agrupamento de itens que possuam características semelhantes, os quais, no mercado, possuam tradicionalmente fornecedores capazes de assumir o fornecimento da integralidade.

Aqui, cabe um esclarecimento. O Decreto Federal nº 7.892, de 2013, em seu art. 8º, possui uma redação que tem causado algum tipo de dúvida nos operadores do direito, permitindo interpretações diferenciadas. Dispõe o regulamento:

> Art. 8º O órgão gerenciador poderá dividir a quantidade total do item em lotes, quando técnica e economicamente viável, para possibilitar maior competitividade, observada a quantidade mínima, o prazo e o local de entrega ou de prestação dos serviços.

Alguns doutrinadores entendem que o lote seria a menor parte possível, sendo o item uma junção de lotes. Não é assim. O que o regulamento dispõe é sobre a possibilidade de distribuição dos itens em lotes. Por exemplo, se a administração tiver que licitar 10 itens, ela poderia dividi-los em 3 lotes, um deles com 4 itens e os dois outros com 3 itens, cada. Essa divisão, no entanto, terá que ser precedida de uma análise técnica e econômica, que demonstre a sua viabilidade, de modo a possibilitar o aumento da competitividade. Imaginemos que esses itens sejam de materiais de expediente. Boa parte deles possui

---

[9] BRASIL. Tribunal de Contas da União. *Acórdão nº 113/2012-P*. Disponível em: www.tcu.gov.br. Acesso em: 27 abr. 2020.

um quantitativo considerável, analisando-se individualmente. Alguns itens, no entanto, possuem quantitativos muito reduzidos, de tal modo que a licitação isolada pode vir a registrar um desinteresse do mercado pela perda de escala. Em uma hipótese como essa, a administração poderá juntar esses itens de quantitativos mais reduzidos a outros cujas quantidades sejam mais atraentes, formando um lote para o qual o mercado tenha mais interesse.

Quando o regulamento fala em *divisão*, está se referindo ao quantitativo de licitações. Licitação por itens ou por lotes representa um conjunto de licitações isoladas, reunidas em um só procedimento por economia de escala. No exemplo acima, em lugar de licitar 10 itens – que seriam, efetivamente, 10 licitações –, a administração licitaria três lotes (três licitações distintas), reduzindo o quantitativo de certames.

A regra é licitar por itens. O lote ou o preço global é excepcional. Daí porque o decreto exige que seja motivada essa divisão em lotes. A questão está definida na Súmula nº 247, do TCU:

> É obrigatória a admissão da adjudicação por item e não por preço global, nos editais das licitações para a contratação de obras, serviços, compras e alienações, cujo objeto seja divisível, desde que não haja prejuízo para o conjunto ou complexo ou perda de economia de escala, tendo em vista o objetivo de propiciar a ampla participação de licitantes que, embora não dispondo de capacidade para a execução, fornecimento ou aquisição da totalidade do objeto, possam fazê-lo com relação a itens ou unidades autônomas, devendo as exigências de habilitação adequar-se a essa divisibilidade.[10]

Essa regra, bem definida na súmula indicada, vem ao encontro do princípio do parcelamento do objeto, já analisado nesta obra.

Pois bem, quando licitar por lotes, a administração obriga-se a contratar da mesma forma; não possuem amparo a realização de licitação por lotes e a contratação por itens. Se o certame licitatório foi realizado dessa maneira, o licitante vencedor ofertou a proposta mais vantajosa considerando o preço do lote. Pode, até mesmo, ter ocorrido a hipótese de, em algum item do lote, sua oferta não ter sido a mais vantajosa, desvantagem que foi compensada pelos demais itens

---

[10] BRASIL. Tribunal de Contas da União. *Súmula nº 247, de 2004*. Disponível em: www.tcu.gov.br. Acesso em: 27 abr. 2020.

integrantes do mesmo lote. A definição do vencedor foi pelo preço do lote. Exemplo: em um lote composto por três itens, dois licitantes, que identificaremos como A e B, apresentaram as seguintes ofertas unitárias:
– Licitante A:
– item 1 – R$5,00
– item 2 – R$6,50
– item 3 – R$4,00
Valor total unitário do lote: R$15,50.
– Licitante B:
– item 1 – R$6,80
– item 2 – R$6,20
– item 3 – R$4,50
Valor total unitário do lote: R$17,50.

O vencedor do lote será o licitante A, que ofertou o preço mais reduzido. No entanto, no item 2, o preço mais vantajoso foi ofertado pelo licitante B.

Trazemos a lume duas deliberações do TCU sobre o tema, A primeira é o Acórdão nº 48/2013-P:

> 9.4. alertar o Parque de Material Bélico da Aeronáutica do Rio de Janeiro que se abstenha, em licitação para registro de preços, de adotar como critério de adjudicação o de menor preço global por grupo/lote, concomitantemente com disputa por itens, sem que estejam demonstradas nos autos as razões pelas quais tal critério, conjuntamente com os que presidiram a formação dos grupos, é o que conduzirá à contratação mais vantajosa, comparativamente ao critério usualmente requerido de adjudicação por menor preço por item, devendo ainda restar demonstrada nos autos a compatibilidade entre essa modelagem e o sistema de registro de preços quando a Administração não estiver obrigada a proceder a aquisições por grupo;[11]

Mais recente é o Acórdão nº 757/2015-P:

> 9.3. determinar à Secretaria-Geral de Controle Externo do TCU que oriente suas unidades, especialmente a Secretaria de Controle Externo das Aquisições Logísticas (Selog), sobre a necessidade de sempre avaliar os seguintes aspectos em processos envolvendo pregões para registro de preços:

---

[11] BRASIL. Tribunal de Contas da União. *Acórdão nº 48/2013-P*. Disponível em: www.tcu.gov.br. Acesso em: 27 abr. 2020.

9.3.1. planejamento da contratação, incluindo os procedimentos relativos à intenção de registro de preços e à estimativa de quantidades a serem adquiridas, devidamente justificada e baseada em estudos técnicos preliminares e elementos objetivos - arts. 6º, inciso I, e 10, §7º, do Decreto-Lei 200/1967, art. 6º, inciso IX, da Lei 8.666/1993, arts. 4º, 5º, inciso V, e 8º do Decreto 7.892/2013 e Acórdãos 1.100/2008, 392/2011 e 3.137/2014, do Plenário, 612/2004 e 559/2009, da 1ª Câmara, e 1.720 e 4.411/2010, da 2ª Câmara;

9.3.2. obrigatoriedade da adjudicação por item como regra geral, tendo em vista o objetivo de propiciar a ampla participação de licitantes e a seleção das propostas mais vantajosas, sendo a adjudicação por preço global medida excepcional que precisa ser devidamente justificada, *além de incompatível com a aquisição futura por itens* - arts. 3º, §1º, inciso I, 15, inciso IV, e 23, §§1º e 2º, da Lei 8.666/1993, e Acórdãos 529, 1.592, 1.913, 2.695 e 2.796/2013, todos do Plenário;

9.3.3. hipótese autorizadora para adoção do sistema de registro de preços, indicando se seria o caso de contratações frequentes e entregas parceladas (*e não de contratação e entrega únicas*), ou de atendimento a vários órgãos (e não apenas um), ou de impossibilidade de definição prévia do quantitativo a ser demandado (e não de serviços mensurados com antecedência) - art. 3º do Decreto 7.892/2013 e Acórdãos 113 e 1.737/2012, ambos do Plenário; (Os destaques são nossos).[12]

A terceira hipótese de aplicação indevida e ilegal do SRP é a que aborda a situação do fornecedor exclusivo. Nos termos da legislação vigente, não existe a possibilidade de registrar preços por inexigibilidade de licitação. Quando ocorre essa situação, o processo de contratação será tradicional, atendidos fundamentalmente os ditames dos artigos 25 e 26 da Lei nº 8.666/1993. Nesse sentido, o Acórdão nº 2.392/2006-P:

32. Ademais, ante a constatação da inviabilidade de competição, torna-se inexigível a licitação para a aquisição da sala-cofre, nos termos do inciso I do art. 25 da Lei de Licitações e Contratos e, portanto, *não há amparo legal para a realização do SRP* uma vez que o art. 3º do Decreto nº 3.931/2001 restringe tal instituto à realização de licitação na modalidade concorrência ou pregão. Destarte, verifica-se, também, a

---

[12] BRASIL. Tribunal de Contas da União. *Acórdão nº 757/2015-P*. Disponível em: www.tcu.gov.br. Acesso em: 27 abr. 2020.

impossibilidade da utilização de Registro de Preços na aquisição pleiteada pelo Ministério de Minas e Energia."[13]

Finalmente, vamos abordar a questão mais polêmica dentre as hipóteses por nós elencadas das situações em que a utilização do SRP deve ser afastada. Trata-se da utilização do sistema para contratação de serviços continuados. Para melhor entendimento, começamos lembrando a definição de serviços continuados, constante da Instrução Normativa nº 5, de 25 de maio de 2017, da Secretaria de Gestão do Ministério do Planejamento, Desenvolvimento e Gestão. Em seu art. 15, dispõe a IN:

> Art. 15. Os serviços prestados de forma contínua são aqueles que, pela sua essencialidade, visam atender à necessidade pública de forma permanente e contínua, por mais de um exercício financeiro, assegurando a integridade do patrimônio público ou o funcionamento das atividades finalísticas do órgão ou entidade, de modo que sua interrupção possa comprometer a prestação de um serviço público ou o cumprimento da missão institucional.

Serviços contínuos são essenciais para a continuidade da prestação de serviço público pelos órgãos e entidades que compõem a administração pública. Tão essenciais que sua ausência pode causar até mesmo a interrupção das atividades finalísticas. Por esse motivo, são serviços para os quais não existe previsibilidade de um término da necessidade: enquanto a administração funcionar, precisará deles. A necessidade é, assim, como dispõe a IN, permanente e contínua.

Para melhor esclarecer o assunto, a IN traz, no art. 16, a definição de serviços não continuados:

> Art. 16. Os serviços considerados não continuados ou contratados por escopo são aqueles que impõem aos contratados o dever de realizar a prestação de um serviço específico em um período predeterminado, podendo ser prorrogado, desde que justificadamente, pelo prazo necessário à conclusão do objeto, observadas as hipóteses previstas no §1º do art. 57 da Lei nº 8.666, de 1993.

---

[13] BRASIL. Tribunal de Contas da União. *Acórdão nº 2.392/2006-P*. Disponível em: www.tcu.gov.br. Acesso em: 27 abr. 2020.

Contrariamente aos serviços continuados, os serviços não contínuos possuem um período de tempo predeterminado para sua execução. Daí a IN dizer que são serviços contratados por escopo, isto é, com uma finalidade específica, que possuem um momento definido para sua conclusão, a partir da qual se tornam desnecessários.

O que define a classificação como contínuo ou não é o objeto em si; é a essencialidade e a permanência daquele serviço para aquele órgão específico. Assim, determinados serviços podem ser continuados para alguns órgãos, e não para outros. O enquadramento deve ser definido em cada caso, até por trazer implicações, como, por exemplo, o prazo do contrato. Para os serviços não continuados, o art. 57 da Lei nº 8.666/1993 dispõe que o limite máximo coincide com a vigência do respectivo crédito orçamentário, seguindo, assim, a regra geral. Os serviços continuados, por sua característica de permanência e necessidade por um longo período, estão enquadrados no mesmo art. 57 como exceção à regra geral do *caput*, admitindo, assim, a prorrogação da vigência por até 60 meses, através de prorrogações.

Consideramos bem elucidativa a análise feita na Decisão nº 90/2001-1ªC, do TCU:

> 3. No entanto, há que se definir o que seja *necessidade pública permanente e contínua*. Necessidade contínua é aquela que não se extingue instantaneamente, exigindo a execução prolongada, sem qualquer interrupção. Não satisfaz a necessidade pública contínua a prática de um só ato ou de mais de um ato de forma isolada. Está relacionada com a forma de execução do contrato.
>
> 24. *Necessidade permanente está relacionada com o fim público almejado pela Administração.* Se este fim público persistir inalterado por um prazo longo de tempo, *podemos afirmar que a necessidade dessa atividade estatal é permanente.* A necessidade pública permanente é *aquela que tem que ser satisfeita*, sob pena de inviabilizar a consecução do objetivo público. Ou seja, tem que ser uma atividade essencial para se atingir o desiderato estatal.
>
> 25. Assim, *para configurar serviço contínuo*, o importante é que ele seja essencial, executado de forma contínua, de longa duração e que o fracionamento em períodos prejudica a execução do serviço. (Destacamos)[14]

---

[14] BRASIL. Tribunal de Contas da União. *Acórdão nº 90/2001-TCU-1ªC*. Disponível em: www.tcu.gov.br. Acesso em: 27 abr. 2020.

Vamos exemplificar para melhor esclarecimento de dúvidas. Tomemos um serviço como o de limpeza predial. Serviço indiscutivelmente essencial, pois, para o exercício de suas atividades, a administração precisa de higiene em suas instalações. Seria, então, o serviço de limpeza predial sempre enquadrado como continuado? A resposta adequada é negativa. O mesmo serviço pode ser não contínuo em determinadas ocasiões.

Se considerarmos a limpeza rotineira das instalações ocupadas permanentemente pelo órgão/entidade, não parece haver dúvida no sentido de que ela deve ser enquadrada como serviço contínuo. Se ali desenvolve atividades permanentemente, a administração necessita que ali seja feita a limpeza/conservação também permanentemente. Será um serviço contratado a prazo, pois não existirá um final previsto para o mesmo.

Inversamente, a administração pode necessitar do mesmo serviço de limpeza e conservação apenas por um período de tempo predeterminado. Imaginemos que uma prefeitura resolve realizar uma exposição de objetos de arte constantes de seu acervo, aberta ao público. Essa exposição, para facilitar o acesso da sociedade, será realizada em uma instalação provisória, executada em uma praça pública. Pergunta-se: haveria necessidade da realização de serviços de limpeza predial nessas instalações durante o período de realização da exposição? A resposta é positiva. Sendo um local de livre acesso ao público, a higienização é imperativa. Porém, será uma limpeza contratada por escopo, isto é, por determinado período de tempo perfeitamente definido.

É um serviço essencial, mas, simultaneamente, é um serviço contratado por escopo, por um período predeterminado. Assim, deve ser enquadrado, nesse caso, como serviço não continuado. Temos, então, o mesmo serviço, ora contratado como continuado, ora contratado como não continuado.

Na jurisprudência do TCU, temos a abordagem de uma situação da espécie, como vemos no Acórdão nº 1.196/2006-1ªC:

> 2.1.4 - Os serviços de fornecimento de passagens aéreas não foram considerados de natureza contínua por esta Corte de Contas no âmbito do TC 250.226/1997-9, que trata da prestação de contas da Universidade Federal da Bahia relativas ao exercício de 1996, pois entendeu-se que a supressão de tais serviços não iria ocasionar a suspensão ou o comprometimento das atividades da referida Universidade (Acórdão nº 87/2000-Segunda Câmara).

2.1.5. Contudo, no caso do Ministério da Saúde, órgão responsável, dentre tantas outras atividades, pela coordenação e fiscalização do Sistema Único de Saúde, percebe-se que a realização de viagens faz parte das atividades de seus servidores. Assim, no caso concreto, entende-se que o fornecimento de passagens deva ser considerado como um serviço de natureza continuada.[15]

Vamos analisar, agora, a questão da aplicação do SRP à contratação de serviços continuados. Uma das características fundamentais do sistema é a incerteza da necessidade, quer em relação à época em que ele deve ser efetivado, quer em relação aos quantitativos que, nessa época, serão necessários. Por sua vez, uma das características do serviço continuado é a *certeza* de sua necessidade. É uma atividade essencial para o funcionamento do órgão/entidade.

Temos aí, dessa maneira, uma contradição. Fica claro que o serviço continuado não atende um dos pressupostos fundamentais para aplicação do SRP. Nesse mesmo sentido, encontramos uma deliberação do Conselho Nacional de Justiça (CNJ):

> O Tribunal de Justiça do Paraná, porém, tem feito uso reiterado desse sistema (Registro de Preços) em suas necessidades de mão-de-obra contínua nos setores de limpeza, asseio e conservação. Essa opção, além de não ter amparo em qualquer das hipóteses legais previstas para a utilização do registro de preços, possibilita a adesão ilimitada por outras entidades, com o que se está favorecendo a concentração ou domínio de uma única empresa sobre a gestão dos serviços e a dependência da administração em relação a prestadores específicos.
>
> DETERMINAÇÃO: o Tribunal de Justiça do Paraná deve, em futuras licitações, abster-se de utilizar o sistema de registro de preços para contratar a prestação de mão-de-obra de natureza continuada.[16]

Há, porém, entendimentos em sentido contrário, tanto na doutrina, como na jurisprudência. Alega-se que a imprevisibilidade da necessidade é apenas uma das hipóteses de aplicação do SRP. Existem outras hipóteses que, se atendidas, permitiriam a aplicação

---

[15] BRASIL. Tribunal de Contas da União. *Acórdão nº 1.196/2006-1ªC*. Disponível em: www.tcu.gov.br. Acesso em: 27 abr. 2020.
[16] BRASIL. Conselho Nacional de Justiça. Disponível em: www.cnj.jus.br. Acesso em: 27 abr. 2020.

do sistema, tornando-a adequada e legal. O TCU abordou situação da espécie, deliberando no Acórdão nº 1.737/2012-P. Nesse processo, muito embora a área técnica e o Ministério Público de Contas tenham se manifestado claramente contra a possibilidade de utilização do SRP para contratação, a relatora se opôs a esse entendimento. Do seu voto, extraímos o seguinte excerto, com o devido posicionamento:

> Após exame detalhado da questão, com as devidas vênias do *Parquet* e da secretária em exercício da Serur, alinho-me ao exame empreendido pela auditora da unidade técnica, pelos motivos que passo a expor.
>
> Preliminarmente, registro que é pacífico no âmbito desta Corte e do Judiciário que o sistema de registro de preços, antes restrito a compras, pode ser utilizado na contratação de prestação de serviços, notadamente em face das modificações normativas introduzidas pela Lei 10.520/2002.
>
> Um dos impedimentos apontados pelas instâncias precedentes para utilização do SRP para contratação de serviços contínuos é a possibilidade de mensuração, no caso concreto, dos quantitativos a serem contratados. Isso resultaria em não enquadramento da situação de fato à condição estabelecida no inciso IV do decreto normatizados do sistema.
>
> Para melhor compreensão do assunto, transcrevo o artigo 2º do Decreto 3.931/2001, que regula o SRP na esfera federal:
>
> Art. 2º Será adotado, preferencialmente, o SRP nas seguintes hipóteses:
>
> I - quando, pelas características do bem ou serviço, houver necessidade de contratações frequentes;
>
> II - quando for mais conveniente a aquisição de bens com previsão de entregas parceladas ou contratação de serviços necessários à Administração para o desempenho de suas atribuições;
>
> III - quando for conveniente a aquisição de bens ou a contratação de serviços para atendimento a mais de um órgão ou entidade, ou a programas de governo; e
>
> IV - quando pela natureza do objeto não for possível definir previamente o quantitativo a ser demandado pela Administração.
>
> Uma das hipóteses delimitadas no citado dispositivo aduz que o SRP deve ser preferencialmente adotado nos casos em que o montante a ser contratado não puder ser definido antecipadamente.
>
> É fato que os serviços de natureza continuada devem ser objeto de programação tal que permita a definição prévia dos quantitativos a serem contratados e, portanto, em regra não se enquadram na exigência

disposta no inciso IV transcrito acima. Entretanto, não vejo óbices para que eventuais contratações atendam a um dos demais incisos do referido dispositivo, pois a subsunção da situação de fato a apenas uma dessas condições pode tornar regular a utilização do sistema de registro de preços.

A proibição apenas em razão de não haver incerteza nos quantitativos a serem contratados resultaria em interpretação tal que condicionaria a adoção do registro de preços aos casos de preenchimento cumulativo de todas as hipóteses elencadas no artigo 2º do Decreto, o que considero limitar o SRP excessivamente e extrapolar os limites legalmente estabelecidos.

Vislumbro a importância da utilização do SRP nos casos enquadrados no inciso III, por exemplo, onde a partir de uma cooperação mútua entre órgãos/entidades diferentes, incluindo aí um planejamento consistente de suas necessidades, a formação de uma ata de registro de preços poderia resultar em benefícios importantes. Também nos casos de contratação de serviços frequentemente demandados, mas que não sejam necessários ininterruptamente, a ata poderia ser uma solução eficaz e que coaduna com a eficiência e a economicidade almejadas na aplicação de recursos públicos.

Outro embargo apontado como intransponível pelo *Parquet* é a validade da ata de registro de preços, limitada a um ano pela Lei 8.666/1993. Não observo qualquer impedimento para utilização do SRP em face da aludida limitação, já que, nos termos do §1º do art. 4º do Decreto 3.931/2001, os contratos decorrentes do SRP terão sua vigência conforme as disposições contidas nos instrumentos convocatórios e respectivos contratos, obedecido o disposto no artigo 57 da Lei Geral de Licitações e Contratos.

Dessa forma, firmados dentro da validade da ata de registro de preços, os serviços de natureza continuada podem alcançar, regularmente, até 60 meses, ou mesmo 72 em casos excepcionais.

Importa esclarecer que, como bem consignou o MPTCU colacionando doutrina atinente, os serviços de natureza continuada são definidos não pelo prazo de sua prestação e nem pelo exame propriamente da atividade desenvolvida pelos particulares, mas pela perenidade da necessidade pública a ser satisfeita. Desde que obedeçam ao prazo legalmente estabelecido, penso ser possível a utilização do sistema de registro de preços para contratação de serviços de natureza continuada.

O SRP possui vantagens inerentes ao instituto que podem resultar em significativos benefícios à Administração, motivo porque considero que esta Corte deve deliberar no sentido da maior ampliação possível de sua utilização, obviamente dentro dos limites da legalidade e tendo sempre como foco o atendimento ao interesse público.[17]

Com as devidas vênias dos entendimentos em sentido contrário, não vemos como adequada a utilização do Sistema de Registro de Preços para contratação de serviços continuados. Parece-nos ir contra a lógica do sistema. É certo que o regulamento prevê, como uma das hipóteses de utilização, a contratação para atendimento a mais de um órgão ou entidade. É certo, também, que inexiste a obrigatoriedade de atendimento, em conjunto, de todas as hipóteses elencadas. Mas parece-nos certo, também, que o SRP é destinado a contratações em que não existe a *precisão*. Ela existindo, não há por que registrar preços: licita-se e contrata-se. Só há lógica em registrar preços quando existe a possibilidade de não contratar ou quando há incerteza em relação à época e aos quantitativos. Não há essa possibilidade no serviço contínuo, que é essencial e permanente.

Sim, concordamos que a contratação para atender simultaneamente a mais de um órgão ou entidade pode ser, em determinadas situações, vantajosa, mas isso não implica no uso do SRP. Não se deve confundir contratação compartilhada com Sistema de Registro de Preços: aquela pode ocorrer em qualquer momento em que haja conformidade das necessidades e conveniência em aproveitar a escala; o SRP, por sua vez, é restrito aos casos caracterizados fundamentalmente pela imprevisibilidade.

Diante da divergência, cabe aos órgãos jurídicos fundamentarem a situação em cada setor da administração, permitindo uma decisão da autoridade competente.

Ainda dentro da análise sobre situações inadequadas para utilização do SRP, temos uma recente deliberação do TCU, envolvendo licitação promovida por órgão da administração pública, com o objeto de registrar preços para contratação de empresa especializada para desenvolvimento de projeto executivo de sinalização, com confecção, fornecimento e instalação de placas, adesivos, sinalização tátil, mural e filtro solar, para aplicação em edifícios públicos. O tribunal determinou a anulação da licitação, entre outros motivos, considerando:

---

[17] BRASIL. Tribunal de Contas da União. *Acórdão nº 1.737/2012-P*. Disponível em: www.tcu.gov.br. Acesso em: 27 abr. 2020.

9.3.2. utilização do Sistema de Registro de Preços para objeto que não é compatível com o inciso III do art. 3º do Decreto 7.892/2013, notadamente em relação ao Item 1 - Projeto de Sinalização Universal, serviço que, por estar vinculado às características próprias de cada instituição, não é padronizável e replicável;[18]

Do voto do relator extraímos o seguinte excerto sobre a parte que nos interessa, isto é, a utilização do SRP:

> III - Da análise acerca da utilização indevida do Sistema de Registro de Preços
>
> Embora não tenha sido um dos tópicos das oitivas endereçadas às partes do processo, a unidade técnica questionou o uso do sistema de registro de preços para o caso em tela, pois pelo menos o item 1 do objeto (Projeto de Sinalização Universal) parece não se amoldar ao emprego desse procedimento auxiliar. Em princípio, a elaboração de projetos é tarefa que está intimamente relacionada às características próprias de cada instituição, portanto, não se trata de algo padronizado, como seria presumível em serviços licitados mediante registro de preços.
>
> A Selog também questionou o critério de adjudicação global no certame em tela, já que a regra no sistema de registro de preços pressupõe a adjudicação por item. A contratação integral do objeto seria medida excepcional que deveria ser justificada. Nesse sentido, citou o entendimento exposto no voto condutor do Acórdão 1.893/2017-Plenário, relatado pelo Ministro Bruno Dantas.
>
> Complemento o exame realizado com diversas considerações que realizei ao relatar o Acórdão 1.712/2015-Plenário, ocasião em que considerei indevida a utilização do sistema de registro de preços quando as peculiaridades do objeto a ser executado e sua localização indiquem que só será possível uma única contratação ou não houver demanda de itens isolados, pelo fato de os serviços não poderem ser dissociados uns dos outros, não havendo, assim, a divisibilidade do objeto.
>
> Também corroboro com a conclusão da Selog que o sistema de registro de preços não é adequado nas situações em que o objeto não é padronizável, tais como a modelagem realizada para a contratação do objeto em exame, em que os custos das licitantes são díspares e impactados por vários fatores, tais como a função do órgão/entidade participante da ata e a localidade em que os serviços serão prestados.

---

[18] BRASIL. Tribunal de Contas da União. *Acórdão nº 1.333/2020-P*. Disponível em: www.tcu.gov.br. Acesso em: 27 abr. 2020.

Ainda que tais questões não tenham sido endereçadas nas oitivas encaminhadas aos órgãos e entidades responsáveis pelo Pregão Eletrônico para Registro de Preços 22/2019, acolho a proposta de cunho meramente pedagógico formulada pela Selog, no sentido de cientificá-los das falhas observadas, com vista a prevenir a ocorrência de futuras impropriedades do gênero. Friso que as questões tratadas neste tópico não foram determinantes para a expedição da determinação para anulação do certame em tela.

Especial cautela devemos ter em relação à afirmação de que o SRP não é adequado para serviço não replicável. Entenda-se não replicável em relação a outros órgãos e entidades da administração pública. Poderá, no entanto, sê-lo, quando se tratar de replicação dentro do próprio órgão. Expliquemos. Órgão ou entidade da administração pode estabelecer a padronização de sinalização interna nos imóveis que ocupa. Isso é, até, muito comum. Se esse órgão/entidade ocupar simultaneamente vários prédios, várias instalações físicas, vai necessitar padronizar a sinalização em todos eles. E, isso é uma replicação, sem dúvida. Imaginemos que se trate, por exemplo, do Banco do Brasil, que tem instalações físicas em inúmeros Municípios brasileiros, alguns deles com vários prédios. Padronizada a sinalização interna, ela precisará ser replicada para todos os imóveis ocupados. Neste caso, o SRP é bem-vindo e sua aplicação é vantajosa. Entendamos, assim, que, ao se referir à replicação, no Acórdão acima citado, o TCU está falando em não aplicação do SRP quando o objeto não for replicável em outro órgão/entidade, no sentido de vedação, nessa hipótese, à adesão tardia e ao compartilhamento do mesmo registro para participantes externos.

Interessante notar que, no âmbito do Sistema S, as licitações são regradas por regulamentação própria, não estando as entidades sujeitas às disposições da Lei nº 8.666/1993, por serem paraestatais. Os regulamentos hoje vigentes trazem, como regra, a seguinte disposição a respeito do registro de preços:[19]

> Art. 33. O registro de preço, sempre precedido de concorrência ou de pregão, poderá ser utilizado nas seguintes hipóteses:
>
> I. quando for mais conveniente que a aquisição demande entrega ou fornecimento parcelado;

---

[19] Estamos adotando como exemplo o Regulamento do SESI – Serviço Social da Indústria.

II. quando, pelas características do bem ou do serviço, houver necessidade de aquisições frequentes;

III. quando não for possível estabelecer, previamente, o quantitativo exato para o atendimento das necessidades.

Apesar dos regulamentos deixarem registrado tratar-se de uma opção, a interpretação do TCU foi no sentido de que, no Sistema S, o Sistema de Registro de Preços deverá ser utilizado sempre que possível, não existindo, assim, uma discricionariedade do gestor sobre o seu uso. Nesse sentido, trazemos à colação excerto do Acórdão nº 378/2011-P:

> 5.3. Sob nossa ótica, talvez fosse o caso de o próprio Tribunal repor em discussão a questão, reformulando juízo anterior, escudando-se, para tanto, em recente precedente da 1ª Câmara (Acórdão nº 3493/2010, da relatoria do Exmo Sr. Ministro, Walton Alencar Rodrigues), envolvendo o próprio Sesc (Administração Regional no Estado do Acre), que, nada obstante tenha tratado da questão da obrigatoriedade da utilização do sistema de registro de preços quando presentes as condições para sua adoção, louvou-se em fundamentos que se adéquam, qual uma luva, à adoção ou não do pregão. Permitimo-nos, no ponto, transcrever a ementa do julgado, publicado no Informativo/TCU de Jurisprudência nº 21/2010:
>
> *Contratação no âmbito dos serviços sociais autônomos: 2 – Obrigatoriedade de utilização do sistema de registro de preços quando presentes as condições para a sua adoção*
>
> *Tendo em conta o princípio da eficiência da administração pública, insculpido no caput do art. 37 da Constituição Federal, é poder-dever do Serviço Social do Comércio* a utilização do sistema de registro de preços quando estiverem presentes as condições para a sua implantação. Foi esse o entendimento defendido pelo relator, ao apreciar recurso de reconsideração interposto pelo Serviço Social do Comércio/Administração Regional do Acre (SESC/AC) contra a seguinte determinação que lhe foi expedida mediante o Acórdão nº 2.210/2009-1ª Câmara: 'passe a adotar, quando da necessidade de aquisição de bens e serviços de forma frequente, como ocorre em relação à reposição de estoques de gêneros alimentícios não perecíveis e perecíveis, o Sistema de Registro de Preços, conforme previsto no art. 33, inciso II, da Resolução 1102/2006, que aprovou o Regulamento de Licitações e Contratos do Serviço Social do Comércio, de forma a obter preços mais vantajosos para a administração.'. Em sua instrução, a unidade técnica propôs o provimento parcial do recurso, a fim de converter, em recomendação, a determinação formulada ao SESC/AC, no sentido de utilizar o sistema de registro de preços para

aquisição de bens e serviços contratados de forma frequente. *Em seu voto, o relator destacou que a tese perfilhada pelo recorrente, no sentido de o regulamento do SESC não impor a obrigatoriedade de utilização do registro de preços, mesmo quando presentes as condições para a adoção do referido sistema, assenta-se, basicamente, numa interpretação estrita e literal do art. 33 do Regulamento de Licitações e Contratos do SESC (Resolução nº 1.102/2006),* que assim dispõe: 'Art. 33. O registro de preços, sempre precedido de concorrência ou de pregão, *poderá* ser utilizado nas seguintes hipóteses [...].' *Para o relator, tal exegese limitativa contraria, além da finalidade da própria norma interna do Serviço Social do Comércio, o princípio da eficiência contido no caput do art. 37 da Constituição Federal.* 'Fere o sentido teleológico da referida norma interna, além de contrariar o senso comum do administrador médio', dispensar a utilização de um sistema de aquisição de bens e serviços que se revela mais econômico e eficiente para o Sistema s, quando presentes os requisitos estabelecidos nos incisos I a III do art. 33 da Resolução Sesc nº 1.102/2006. Segundo o relator, a melhor interpretação que se pode emprestar ao sentido da palavra 'poderá', inscrita no caput do art. 33 do referido regulamento, é a de 'poder-dever', de sorte a harmonizar a finalidade da norma com os parâmetros diretores da administração pública, a reclamar uma atuação cada vez mais eficiente dos entes de colaboração. Ao final, o relator propôs e a Primeira Câmara decidiu negar provimento ao recurso. Precedente citado: Acórdão nº 324/2009-Plenário. *Acórdão nº 3493/2010-1ª Câmara, TC 019.680/2009-2, rel. Min. Walton Alencar Rodrigues, 15.06.2010.* (Grifos nossos)[20]

---

[20] BRASIL. Tribunal de Contas da União. *Acórdão nº 378/2011-P*. Disponível em: www.tcu.gov.br. Acesso em: 27 abr. 2020.

CAPÍTULO 5

A CONDUÇÃO DO PROCESSO PARA REGISTRO DE PREÇOS

A condução do processo que objetiva o registro de preços de bens ou serviços foi atribuída pelo regulamento federal (usualmente reproduzido pelos regulamentos estaduais) a uma figura denominada órgão gerenciador. Segundo o Decreto Federal nº 7.892, de 2013, órgão gerenciador é uma unidade da administração pública federal responsável pela condução do conjunto de procedimentos para registro de preço e gerenciamento da ata de registro de preços dele decorrente (art. 2º, inciso III). Para exemplificar em relação a outros entes federativos, o Decreto nº 2.734, de 10 de novembro de 2015, do estado do Paraná traz disposição absolutamente simétrica em seu art. 3º, inciso III.

Para incentivar a utilização do SRP de modo a atender simultaneamente a diversos órgãos/entidades, criou-se, também, a figura do órgão participante, assim definido no regulamento federal:

Art. 2º Para os efeitos deste Decreto, são adotadas as seguintes definições:
(...)
IV - órgão participante - órgão ou entidade da administração pública que participa dos procedimentos iniciais do Sistema de Registro de Preços e integra a ata de registro de preços;

Como já comentado anteriormente, o registro de preços para atender concomitantemente a vários órgãos/entidades pode representar uma vantagem, especialmente considerando a economia de escala. Outra vantagem poderia ser apontada em favor do princípio constitucional da eficiência: a redução dos processos de contratação.

Em lugar da realização de várias licitações, com cada órgão/entidade interessado conduzindo o seu processo, teremos apenas um único processo, com todos os interessados contribuindo para o seu melhor resultado. Não pode, no entanto, se tratar de uma imposição. Nada impede que o registro seja feito para atender apenas o gerenciador.

Para facilitar esse encontro entre aqueles que possam ter um interesse comum, o decreto federal criou a figura da Intenção para Registro de Preços. Essa figura está disposta no capítulo II do decreto, a seguir transcrito:

> Art. 4º Fica instituído o procedimento de Intenção de Registro de Preços - IRP, a ser operacionalizado por módulo do Sistema de Administração e Serviços Gerais - SIASG, que deverá ser utilizado pelos órgãos e entidades integrantes do Sistema de Serviços Gerais - SISG, para registro e divulgação dos itens a serem licitados e para a realização dos atos previstos nos incisos II e V do *caput* do art. 5º e dos atos previstos no inciso II e *caput* do art. 6º.
>
> §1º A divulgação da intenção de registro de preços poderá ser dispensada, de forma justificada pelo órgão gerenciador.
>
> §1º-A O prazo para que outros órgãos e entidades manifestem interesse em participar de IRP será de oito dias úteis, no mínimo, contado da data de divulgação da IRP no Portal de Compras do Governo federal.
>
> §2º O Ministério do Planejamento, Orçamento e Gestão editará norma complementar para regulamentar o disposto neste artigo.
>
> §3º Caberá ao órgão gerenciador da Intenção de Registro de Preços - IRP:
>
> I - estabelecer, quando for o caso, o número máximo de participantes na IRP em conformidade com sua capacidade de gerenciamento;
>
> II - aceitar ou recusar, justificadamente, os quantitativos considerados ínfimos ou a inclusão de novos itens; e
>
> III - deliberar quanto à inclusão posterior de participantes que não manifestaram interesse durante o período de divulgação da IRP.
>
> §4º Os procedimentos constantes dos incisos II e III do §3º serão efetivados antes da elaboração do edital e de seus anexos.
>
> §5º Para receber informações a respeito das IRPs disponíveis no Portal de Compras do Governo Federal, os órgãos e entidades integrantes do SISG se cadastrarão no módulo IRP e inserirão a linha de fornecimento e de serviços de seu interesse.
>
> §6º É facultado aos órgãos e entidades integrantes do SISG, antes de iniciar um processo licitatório, consultar as IRPs em andamento e deliberar a respeito da conveniência de sua participação.

Cabe ao órgão gerenciador comandar o processo, desde a fase de planejamento até a gestão da respectiva ata. É ele que, diante de um interesse próprio, divulgará a IRP, estabelecendo, inclusive, a quantidade máxima de participantes que admitirá, em função de sua capacidade de gerenciar a ata. Os interessados em participar deverão registrar esse interesse, indicando, justificadamente, os quantitativos que lhes interessam. O detalhamento da participação do gerenciador e dos participantes consta do regulamento, como segue:

Para o órgão gerenciador:

Art. 5º Caberá ao órgão gerenciador a prática de todos os atos de controle e administração do Sistema de Registro de Preços, e ainda o seguinte:

I - registrar sua intenção de registro de preços no Portal de Compras do Governo federal;

II - consolidar informações relativas à estimativa individual e total de consumo, promovendo a adequação dos respectivos termos de referência ou projetos básicos encaminhados para atender aos requisitos de padronização e racionalização;

III - promover atos necessários à instrução processual para a realização do procedimento licitatório;

IV - realizar pesquisa de mercado para identificação do valor estimado da licitação e, consolidar os dados das pesquisas de mercado realizadas pelos órgãos e entidades participantes, inclusive nas hipóteses previstas nos §§2º e 3º do art. 6º deste Decreto;

V - confirmar junto aos órgãos participantes a sua concordância com o objeto a ser licitado, inclusive quanto aos quantitativos e termo de referência ou projeto básico;

VI - realizar o procedimento licitatório;

VII - gerenciar a ata de registro de preços;

VIII - conduzir eventuais renegociações dos preços registrados;

IX - aplicar, garantida a ampla defesa e o contraditório, as penalidades decorrentes de infrações no procedimento licitatório; e

X - aplicar, garantida a ampla defesa e o contraditório, as penalidades decorrentes do descumprimento do pactuado na ata de registro de preços ou do descumprimento das obrigações contratuais, em relação às suas próprias contratações.

XI - autorizar, excepcional e justificadamente, a prorrogação do prazo previsto no §6º do art. 22 deste Decreto, respeitado o prazo de vigência da ata, quando solicitada pelo órgão não participante

§1º A ata de registro de preços, disponibilizada no Portal de Compras do Governo federal, poderá ser assinada por certificação digital.

§2º O órgão gerenciador poderá solicitar auxílio técnico aos órgãos participantes para execução das atividades previstas nos incisos III, IV e VI do *caput*.

Para os órgãos participantes:

Art. 6º O órgão participante será responsável pela manifestação de interesse em participar do registro de preços, providenciando o encaminhamento ao órgão gerenciador de sua estimativa de consumo, local de entrega e, quando couber, cronograma de contratação e respectivas especificações ou termo de referência ou projeto básico, nos termos da Lei nº 8.666, de 21 de junho de 1993, e da Lei nº 10.520, de 17 de julho de 2002, adequado ao registro de preços do qual pretende fazer parte, devendo ainda:

I - garantir que os atos relativos a sua inclusão no registro de preços estejam formalizados e aprovados pela autoridade competente;

II - manifestar, junto ao órgão gerenciador, mediante a utilização da Intenção de Registro de Preços, sua concordância com o objeto a ser licitado, antes da realização do procedimento licitatório; e

III - tomar conhecimento da ata de registros de preços, inclusive de eventuais alterações, para o correto cumprimento de suas disposições.

§1º Cabe ao órgão participante aplicar, garantida a ampla defesa e o contraditório, as penalidades decorrentes do descumprimento do pactuado na ata de registro de preços ou do descumprimento das obrigações contratuais, em relação às suas próprias contratações, informando as ocorrências ao órgão gerenciador.

§2º No caso de compra nacional, o órgão gerenciador promoverá a divulgação da ação, a pesquisa de mercado e a consolidação da demanda dos órgãos e entidades da administração direta e indireta da União, dos Estados, do Distrito Federal e dos Municípios.

§3º Na hipótese prevista no §2º, comprovada a vantajosidade, fica facultado aos órgãos ou entidades participantes de compra nacional a execução da ata de registro de preços vinculada ao programa ou projeto federal.

§4º Os entes federados participantes de compra nacional poderão utilizar recursos de transferências legais ou voluntárias da União, vinculados aos processos ou projetos objeto de descentralização e de recursos próprios para suas demandas de aquisição no âmbito da ata de registro de preços de compra nacional.

§5º Caso o órgão gerenciador aceite a inclusão de novos itens, o órgão participante demandante elaborará sua especificação ou termo de referência ou projeto básico, conforme o caso, e a pesquisa de mercado, observado o disposto no art. 6º.

§6º Caso o órgão gerenciador aceite a inclusão de novas localidades para entrega do bem ou execução do serviço, o órgão participante responsável pela demanda elaborará, ressalvada a hipótese prevista no §2º, pesquisa de mercado que contemple a variação de custos locais ou regionais.

Durante as fases de planejamento e licitatória, os participantes serão grandes colaboradores do gerenciador, que conduzirá o processo, elaborando o instrumento convocatório, realizando a licitação e providenciando a assinatura da ata. A partir daí, na fase de execução contratual, o gerenciador apenas controla o processo. Cabe a cada um dos participantes formalizar, gerenciar e fiscalizar seus contratos, com poderes, inclusive, para aplicação de penalidades, quando cabível, delas dando conhecimento ao gerenciador, respeitando aquele que controla o processo.

O decreto federal fala expressamente na hipótese de aplicação do SRP para o procedimento denominado de "compra nacional", ou seja, para execução descentralizada de programa ou projeto federal. Neste caso, o órgão gerenciador será obrigatoriamente integrante da administração federal. Participantes serão entes federativos beneficiados pelo programa ou projeto; neste caso, independentemente de manifestação formal de interesse.

A respeito das compras nacionais, a Lei nº 13.979, de 6 de fevereiro de 2020, que objetiva o atendimento das situações excepcionais decorrentes da pandemia de COVID-19, assim dispõe:

> Art. 4º-G Nos casos de licitação na modalidade pregão, eletrônico ou presencial, cujo objeto seja a aquisição de bens, serviços e insumos necessários ao enfrentamento da emergência de que trata esta Lei, os prazos dos procedimentos licitatórios serão reduzidos pela metade.
> §1º Quando o prazo original de que trata o *caput* for número ímpar, este será arredondado para o número inteiro antecedente.
> §2º Os recursos dos procedimentos licitatórios somente terão efeito devolutivo.
> §3º Fica dispensada a realização de audiência pública a que se refere o art. 39 da Lei nº 8.666, de 21 de junho de 1993, para as licitações de que trata o *caput*.

§4º As licitações de que trata o *caput* realizadas por meio de sistema de registro de preços serão consideradas compras nacionais, nos termos do disposto no regulamento federal, observado o prazo estabelecido no §6º do art. 4º.

Vamos tratar, em seguida, ainda que resumidamente, das fases do processo, especialmente a fase de planejamento e a fase licitatória, abordando alguns aspectos fundamentais, deixando o detalhamento para as obras direcionadas especificamente a esses assuntos.

CAPÍTULO 6

A FASE DE PLANEJAMENTO DA LICITAÇÃO PARA REGISTRO DE PREÇOS

Duas condições fundamentais devem ser extraídas das disposições do art. 15 da Lei nº 8.666/1993. Para facilitar a análise, vamos reproduzir, na parte que ora interessa, essas disposições:

> Art. 15. As compras, sempre que possível, deverão:
> I - atender ao princípio da padronização, que imponha compatibilidade de especificações técnicas e de desempenho, observadas, quando for o caso, as condições de manutenção, assistência técnica e garantia oferecidas;
> II - ser processadas através de sistema de registro de preços;
> (...)
> §3º O sistema de registro de preços será regulamentado por decreto, atendidas as peculiaridades regionais, observadas as seguintes condições:
> I - seleção feita mediante concorrência;

Já vimos anteriormente que a Lei Geral estabelece o registro de preços exclusivamente para compras. Foi a Lei do Pregão que veio a autorizar registro, também, de serviços comuns. Pois bem, analisemos a cabeça do artigo 15, que trata de aquisição remunerada de bens.

Diz a lei que, nesse caso, sempre que possível, as compras deverão ser processadas através do SRP. Sempre que possível é um comando legal impositivo. Não parece haver margem de discricionariedade para a administração pública: ou ela demonstra não ser possível utilizar o sistema, ou ela estará obrigada a utilizá-lo. Não há outra alternativa. Em relação ao tema, abordando especificamente as disposições do inciso I (padronização), mas com importante análise sobre a regra do *caput* do artigo, encontramos na jurisprudência do Tribunal de Contas da União a seguinte deliberação:

> 100. Assim argumenta o MP/TCU em defesa desse posicionamento:
> "Segundo o mencionado dispositivo legal, o princípio da padronização deve ser adotado sempre que possível, de modo a impor a compatibilidade de especificações técnicas e de desempenho dos bens a serem adquiridos, considerando-se as condições de manutenção, assistência técnica e garantia oferecidas.
>
> A nosso sentir, o texto legal, utilizando-se da expressão 'sempre que possível', confere ao princípio da padronização das compras natureza de dever legal. Isto é, a Administração deve, como regra, padronizar os bens que adquire.
>
> (...)
>
> Por certo que a padronização, no mais das vezes, finda por selecionar como modelo um produto identificável por determinada marca, de modo que o resultado do procedimento de padronização será a escolha, pela Administração, de uma marca, a qual será usada para identificar o bem a ser comprado.
>
> Observe-se, porém, que se deve chegar a essa conclusão a partir das características do produto, e não por mera preferência pela marca. O contrário implicaria, é evidente, flagrante violação da Lei nº 8.666/93.
>
> Até porque, nem sempre o resultado do procedimento de padronização é uma marca, uma vez que se pode chegar a um modelo próprio, inédito. Entretanto, no mundo fático, real, e isso não se pode evitar, a melhor maneira de indicar padrão, modelo, é por meio da marca.
>
> (...)
>
> Infere-se do acima exposto que o princípio da padronização deve ser adotado como regra no âmbito da Administração Pública e que a vedação de preferência de marca não é obstáculo à adoção desse princípio, desde que a decisão administrativa seja circunstanciadamente motivada."
>
> 101. Conforme esse entendimento, o princípio da padronização permite a indicação de marca do bem a ser adquirido pela Administração Pública, impondo, porém ao administrador a obrigatoriedade de fundamentar

circunstanciadamente tal indicação em parâmetros que demonstrem de forma clara que esta opção é a melhor em termos técnicos e econômicos para a administração.[21]

Podemos aproveitar essa excelente análise para a aplicação do registro de preços. Deve-se entender que a expressão "sempre que possível" possui natureza de dever legal. Deve, assim, ser a regra para aquisições de bens, desde que enquadradas essas aquisições em uma das hipóteses de aplicação.

Na realidade, não é isso que temos observado na administração pública brasileira. Ainda existe uma resistência muito grande à aplicação mais genérica do SRP, talvez por desconhecimento do que ele efetivamente representa, talvez por desconhecimento dos benefícios que pode trazer.

Nos termos da Lei nº 8.666/1993, o SRP deve ser processado através de licitação, sempre na modalidade mais ampla dentre aquelas disponibilizadas nesse diploma legal: a concorrência. Mais tarde, a Lei nº 10.520/2002 trouxe a possibilidade da licitação ser realizada na modalidade pregão, desde que o objeto cujo preço se pretende registrar seja um bem ou um serviço comum.

Nos dois casos, temos modalidades licitatórias com total amplitude, não limitadas a valores, o que elimina qualquer infringência à regra da vedação ao fracionamento da despesa.

No caso do pregão, resta qualificar o que seja um bem ou um serviço comum. Ainda que seja tema já bastante debatido, vale a pena discorrer, em breve relato, sobre esse tema. Assim dispõe a Lei nº 10.520, de 2002:

> Art. 1º Para aquisição de bens e serviços comuns, poderá ser adotada a licitação na modalidade de pregão, que será regida por esta Lei.
>
> Parágrafo único. Consideram-se bens e serviços comuns, para os fins e efeitos deste artigo, aqueles cujos padrões de desempenho e qualidade possam ser objetivamente definidos pelo edital, por meio de especificações usuais no mercado.

Em sentido semelhante, o Decreto Federal nº 10.024, de 20 de setembro de 2019, que regulamenta o pregão na forma eletrônica, dispõe:

---

[21] BRASIL. Tribunal de Contas da União. *Acórdão nº 1.521/2003-P*. Disponível em: www.tcu.gov.br. Acesso em: 27 abr. 2020.

Art. 3º Para fins do disposto neste Decreto, considera-se:

(...)

II - bens e serviços comuns - bens cujos padrões de desempenho e qualidade possam ser objetivamente definidos pelo edital, por meio de especificações reconhecidas e usuais do mercado;

III - bens e serviços especiais - bens que, por sua alta heterogeneidade ou complexidade técnica, não podem ser considerados bens e serviços comuns, nos termos do inciso II;

Pode-se constatar que o enquadramento como bem e serviço comum ou, alternativamente, como bem e serviço especial passa, necessariamente, por informações oriundas do mercado. É o mercado que conhece as regras que pratica, que conhece as suas especificações usuais. Assim, é no mercado que a administração deve buscar informações suficientes para que essa classificação seja feita com precisão. Cabe à administração definir, objetivamente, o bem ou o serviço que precisa contratar: se o mercado indicar que essa definição é compatível com suas especificações usuais, estaremos diante de um bem ou um serviço comum; em situação contrária, estaremos diante de um bem ou um serviço especial, não comum.

Na primeira hipótese, o pregão deverá ser utilizado; na segunda, usaremos a concorrência como modalidade licitatória. Registre-se que, na administração federal e nas administrações estaduais e municipais que dispõem de regulamentação semelhante ou que estejam utilizando recursos da União decorrentes de transferências voluntárias, é obrigatória a utilização do pregão na forma eletrônica. Será admitida excepcionalmente a utilização do pregão na forma presencial como dispõe o Decreto Federal nº 10.024, de 2019:

Art. 1º Este Decreto regulamenta a licitação, na modalidade de pregão, na forma eletrônica, para a aquisição de bens e a contratação de serviços comuns, incluídos os serviços comuns de engenharia, e dispõe sobre o uso da dispensa eletrônica, no âmbito da administração pública federal.

§1º A utilização da modalidade de pregão, na forma eletrônica, pelos órgãos da administração pública federal direta, pelas autarquias, pelas fundações e pelos fundos especiais é obrigatória.

§2º As empresas públicas, as sociedades de economia mista e suas subsidiárias, nos termos do regulamento interno de que trata o art. 40 da Lei nº 13.303, de 30 de junho de 2016, poderão adotar, no que couber, as disposições deste Decreto, inclusive o disposto no Capítulo XVII, observados os limites de que trata o art. 29 da referida Lei.

§3º Para a aquisição de bens e a contratação de serviços comuns pelos entes federativos, com a utilização de recursos da União decorrentes de transferências voluntárias, tais como convênios e contratos de repasse, a utilização da modalidade de pregão, na forma eletrônica, ou da dispensa eletrônica será obrigatória, exceto nos casos em que a lei ou a regulamentação específica que dispuser sobre a modalidade de transferência discipline de forma diversa as contratações com os recursos do repasse.

§4º Será admitida, excepcionalmente, mediante prévia justificativa da autoridade competente, a utilização da forma de pregão presencial nas licitações de que trata o *caput* ou a não adoção do sistema de dispensa eletrônica, desde que fique comprovada a inviabilidade técnica ou a desvantagem para a administração na realização da forma eletrônica.

Em sendo realizada na modalidade pregão, a licitação para SRP será, sempre, do tipo "menor preço" – isso é uma obrigatoriedade tratando-se dessa modalidade licitatória. Porém, se for realizada por concorrência, a licitação também poderá ser do tipo "técnica e preço". Assim dispõe o regulamento:

Art. 7º A licitação para registro de preços será realizada na modalidade de concorrência, do tipo menor preço, nos termos da Lei nº 8.666, de 1993, ou na modalidade de pregão, nos termos da Lei nº 10.520, de 2002, e será precedida de ampla pesquisa de mercado.

§1º O julgamento por técnica e preço, na modalidade concorrência, poderá ser excepcionalmente adotado, a critério do órgão gerenciador e mediante despacho fundamentado da autoridade máxima do órgão ou entidade.

Na Lei nº 8.666, de 1993, encontramos:

Art. 46. Os tipos de licitação "melhor técnica" ou "técnica e preço" serão utilizados exclusivamente para serviços de natureza predominantemente intelectual, em especial na elaboração de projetos, cálculos, fiscalização, supervisão e gerenciamento e de engenharia consultiva em geral e, em particular, para a elaboração de estudos técnicos preliminares e projetos básicos e executivos, ressalvado o disposto no §4º do artigo anterior.

Em sendo o SRP um procedimento que objetiva contratações que tendem a se repetir ao longo do tempo, consideramos muito difícil a necessidade de registrar preços para um serviço de natureza predominantemente intelectual. Normalmente, esses serviços são menos comuns e não costumam ser demandados com uma frequência que torne factível o uso do sistema. Desse modo, a licitação do tipo "técnica e preço" constitui efetivamente uma excepcionalidade dentro do SRP. Mas, se em situação não usual a necessidade ocorrer, a lei trouxe expressamente o remédio, com o uso desse tipo licitatório.

Quer seja utilizada a concorrência, quer seja utilizado o pregão, a contratação passará necessariamente pelas três fases tradicionais: planejamento, seleção da melhor proposta e execução contratual. Na primeira, também conhecida como fase interna ou fase preparatória, a administração desenvolve uma série de atos consecutivos, que objetivam fundamentalmente a elaboração do instrumento convocatório, dispondo sobre todas as regras a serem observadas na licitação e na execução contratual. Na segunda, o certame é realizado com o objetivo de ser definida a proposta mais vantajosa para a administração. Na terceira, temos a execução da avença, momento em que a administração deverá receber o bem ou o serviço que desejava. Vamos discorrer, ainda que sem maior profundidade, sobre cada uma dessas fases.

Recordemos que cabe ao órgão gerenciador a elaboração da minuta do instrumento convocatório da licitação. Levará em conta, nesse momento, suas necessidades específicas e aquelas indicadas pelos órgãos participantes. Estes serão obrigatoriamente relacionados no edital, com indicação de seus quantitativos estimados e suas características.

A minuta elaborada pelo gerenciador deverá ser submetida à apreciação dos participantes, que darão conformidade ou solicitarão ajustes, especialmente em relação à definição do objeto, aos seus quantitativos e a todas as demais condições indicadas fundamentalmente no edital e no termo de referência.

Muitas e muitas vezes deparamo-nos com queixas relativas às licitações públicas brasileiras, especialmente quanto ao critério adotado como regra para escolha da melhor proposta: o do menor preço. A culpa pela contratação de um bem ou um serviço de má qualidade é geralmente atribuída às disposições da legislação pertinente, como se a lei impusesse à administração, por força da obrigação de selecionar propostas pelo menor preço, a obrigação de contratar sem atentar para a qualidade.

Não é fato. Ao revés, a legislação impõe, como claramente explicita o art. 3º da Lei nº 8.666/93, a busca da *proposta mais vantajosa* para a administração. E o art. 45, §1º, inc. I, define com precisão cirúrgica que, nas licitações do tipo menor preço, a seleção da proposta mais vantajosa se fará com a escolha daquela que, atendendo as especificações do edital, ofertar o menor preço.

Veja-se que não se trata de uma simples, mera escolha da proposta de menor preço. O licitante pode vir a apresentar a proposta de menor valor e, no entanto, não ser essa a proposta escolhida como vencedora. Para tanto, é suficiente a observância de uma condição: basta que essa proposta não atenda as especificações do edital. Nesse caso, sequer será analisado o preço, e a proposta será desclassificada (disposição expressa do art. 48, inc. I, do mesmo diploma legal), pois a administração não está buscando simplesmente a cotação de menor valor, mas, sim, a proposta mais vantajosa, e isto inclui, inexoravelmente, o atendimento às especificações.

Podemos concluir dessa análise que a legislação pertinente é adequada e correta ao atendimento do interesse público, mas é muitas vezes inobservada, interpretada de forma equivocada, daí resultando uma contratação inadequada.

Não temos dúvida em afirmar que o sucesso da contratação depende fundamentalmente dos atos praticados na fase preparatória do certame. Se, nesse momento, a administração conseguir traduzir em atos concretos, fundamentados tecnicamente, sua necessidade específica, a contratação tende a ser um sucesso, e o interesse público, a ser atendido. Se, inversamente, a atuação da administração na fase interna for tecnicamente inadequada, dificilmente a contratação dela resultante atenderá suas necessidades e tenderá ao fracasso.

A fase preparatória de planejamento começa no momento em que a administração identifica uma necessidade. Por exemplo, o almoxarifado constata que o seu estoque de papel para impressão atingiu o nível de reposição; ou o setor de informática constata que, para implantação de um novo serviço, necessitará de novos equipamentos compatíveis com as atividades a serem desenvolvidas; ou o setor administrativo verifica que o contrato para realização de serviços de limpeza está por expirar dentro de poucos meses.

Identificada a necessidade e em sendo ela passível de enquadramento como indicada para registro de preços, inicia-se um processo que demanda inúmeros atos no seu procedimento e que só será concluído quando o contrato decorrente da licitação que, em regra, será instaurada estiver executado, exaurido. O processo não termina, portanto, quando a licitação é homologada, pois o fim colimado não está atingido. A contratação é uma etapa do processo, desenvolvida em fases distintas, como dissemos anteriormente, mas só se completa com a contratação e a execução do contrato.

Quando a administração, através de um setor que passaremos a denominar de setor requisitante, identifica uma necessidade, dando início ao processo, precisa, como passo primeiro, indispensável e fundamental para a sua satisfação, definir corretamente o bem ou o serviço. Consideramos este o momento crucial para o sucesso do processo.

Tomando um dos exemplos acima citados, a administração precisa repor seu estoque de papel para impressão. Esse material, perfeitamente enquadrado como indicado para registro de preços, está disponível no mercado em diversos tamanhos, cores, qualidade, gramatura, embalagem, etc. Se a administração necessita de papel tamanho A4, na cor branca, alcalino, com gramatura de 75 g/m², embalado em resmas de 500 folhas, mas, no ato convocatório, disser apenas que deseja obter papel para impressora, o órgão/entidade não terá meios legais para, no curso da sessão pública, desclassificar proposta que ofereça papel tamanho ofício, na cor amarela, com gramatura de 50 g/m² e em embalagem contendo 100 folhas, porque a lei só permite a desclassificação de proposta que não atenda as exigências do edital, e essa proposta citada não contrariou o ato convocatório em qualquer aspecto.

Claro está que, concluída a licitação e entregue o produto adquirido através dela, virão as reclamações de praxe, mencionando que o produto obtido não é o desejado e que a culpa é da licitação ou do pregoeiro/comissão de licitação (ou dos dois). Na realidade, a culpa será única e exclusivamente do setor competente, que não praticou de forma tecnicamente correta o primeiro ato que lhe compete: a definição do objeto.

É de fundamental importância a definição técnica do objeto, do bem ou serviço pretendido, e essa definição precisa ser feita por alguém que efetivamente seja técnico, seja especialista no assunto e que conheça as necessidades da administração. O pregoeiro é especialista em licitações na modalidade de pregão. Comissão de licitação deve ser especializada nas demais modalidades. Não são, no entanto, necessariamente especialistas no objeto da licitação. Se nos lembrarmos que a administração pública brasileira licita a contratação desde de material de limpeza até aviões, concluiremos facilmente que é impossível conseguir um servidor que seja especialista em todos esses bens ou serviços. Quem tem que saber o que necessita é o setor requisitante ou o setor técnico especializado e, se esse setor não tiver um especialista no assunto, deve buscá-lo dentro do mesmo órgão/ entidade, em outro órgão ou entidade da administração pública ou até mesmo na sociedade – neste caso, através de contratação na forma da lei. O indispensável é que a definição do objeto seja clara, precisa e suficiente, como dispõe o art. 3º, inc. II, da Lei nº 10.520, de 2002.

O ato da definição do objeto deve ser praticado da forma mais técnica possível. A administração tem, nesse momento, um poder discricionário-vinculado, na medida em que pode definir as características do que vai atendê-la realmente, mas deve fazê-lo adstrita às disposições legais. Vale registrar que o art. 15 da Lei de Licitações dispõe que, na aquisição de bens, sempre que possível, a administração deve atender ao princípio da padronização. Veja-se que o comando legal é imperativo: sempre que possível – e não quando a administração achar por bem fazê-lo –, as compras deverão – e não poderão – ser padronizadas, compatibilizando-se as especificações técnicas e de desempenho.

Padronizar não significa uma mera escolha de marca. O que a administração padroniza são as especificações técnicas e de desempenho, em função de suas necessidades específicas. Independentemente da marca, qualquer produto que atender essas especificações padronizadas será adequado para a satisfação do interesse público. A padronização é feita através de um processo específico, em que cada item da especificação é perfeitamente justificado, técnica e economicamente, através de pareceres fundamentados. A padronização é, portanto, acima de tudo, um procedimento técnico.

Se o bem pretendido estiver padronizado – e deve estar, nos termos da lei –, a administração reproduzirá no edital as condições técnicas e de desempenho definidas nesse processo. Se eventualmente não estiver, deve a administração buscar definir correta e precisamente o que pretende, escoimando os excessos que não são efetivamente necessários e que não só podem prejudicar a competitividade, como podem produzir um aumento do custo, nas duas situações com prejuízos para o interesse público.

Como regra, os bens que serão contratados mediante registro de preços devem estar padronizados. Afinal, são aqueles cuja necessidade é repetida periodicamente, ou seja, são bens que o órgão/entidade sabe que deles necessitará em algum momento, como regra. Então, o ideal é trabalhar na definição desses objetos uma só vez, padronizando-as, tornando a tarefa, daí em diante, mais eficiente.

Em função da definição do objeto, o setor competente praticará o seu segundo ato técnico na fase preparatória: a identificação do valor estimado da contratação. Cada bem ou serviço terá determinado valor em função das características que lhe são próprias. Um microcomputador cujo processador tenha um *clock* de 800 MHz, disco rígido com capacidade para 80 GB, memória RAM de 256 kB, etc., não tem o mesmo preço de outro microcomputador cujo processador tenha *clock* de 500 MHz, disco rígido de 20 GB e memória RAM de 32 kB, embora ambos sejam microcomputadores. O preço estimado será obtido, então, em função da perfeita definição técnica do objeto pretendido.

A administração, através do setor competente, chega ao preço de referência através de uma "cesta de preços aceitáveis", como diz o TCU. O alcance dessa "cesta" é um trabalho técnico, a ser realizado por servidores preparados para a tarefa, de forma a representar o verdadeiro custo estimado. A Instrução Normativa nº 5, de 27 de junho de 2014, da Secretaria de Logística e Tecnologia da Informação do Ministério de Planejamento, Orçamento e Gestão, traz as regras básicas para realização da pesquisa de preços para aquisição de bens e contratação de serviços em geral, no âmbito da administração pública federal, e pode servir de base para os trabalhos a serem desenvolvidos em estados e municípios que não possuem regulamentação própria. No caso de serviços de engenharia, o Decreto nº 7.983, de 8 de abril de 2013, traz as regras e critérios para elaboração do orçamento de referência, contratados e executados com recursos dos orçamentos da União.

É necessário cautela e profissionalismo na definição do orçamento estimado. As empresas do mercado a serem pesquisadas, por exemplo, devem ser tecnicamente selecionadas, pois a obtenção de preço junto a alguém que está em débito com o sistema de seguridade social pouco ou nada representará de útil para a administração, na medida em que essa empresa não pode vir a ser contratada (como dispõe a Constituição Federal, no art. 195, §3º), e o preço obtido junto a essa empresa pode vir a distorcer os resultados da pesquisa, de tal sorte que esta não representará, ao fim e ao cabo, a verdadeira realidade do mercado.

Igualmente, não são úteis nesse momento os preços obtidos junto a empresas que estão praticando valores promocionais, que só valem por um curto período. São preços mais reduzidos que os normalmente praticados no mercado e que só valem mediante certas condições estabelecidas pela empresa, que não se sujeitaria às regras de uma licitação.

A definição do quantitativo é importante, ainda que não vincule a administração, por se tratar de uma estimativa. É importante para o sucesso da empreitada, tendo em vista que cria, perante os licitantes, uma expectativa de futura contratação. Em decorrência disso, eles devem elaborar suas propostas exatamente com base nesse quantitativo estimado, definindo o preço a ser cotado com fundamento na economia de escala. Se a administração, no curso da vigência do registro, não efetivar as contratações em quantitativo próximo ao estimado, o licitante vencedor, detentor da ata, ficará frustrado. Essa frustração repercutirá nos próximos certames licitatórios para registro de preços. Temos tido notícias do insucesso da utilização do sistema em alguns órgãos/entidades. Pesquisada a causa, muitas vezes encontramos exatamente o registro de um quantitativo elevado e uma demanda muito inferior. Isso gera uma tendência de que, daí em diante, a quantidade de licitantes vá caindo paulatinamente – às vezes, até abruptamente. A redução da competitividade gera, como consequência natural, aumento de preços.

O quantitativo estimado deve ser definido em função de determinado parâmetro. Por exemplo, a administração indicará a pretensão de adquirir determinado quantitativo a cada mês ou a cada dois meses. Os licitantes, por sua vez, em função desse parâmetro, apresentarão em suas propostas os preços unitários a serem praticados quando houver uma efetiva demanda da administração.

Ficamos muito próximos, portanto, das regras de um regime de empreitada por preço unitário, muito praticado na área de engenharia quando a administração não consegue definir com precisão os quantitativos de que precisará. O contrato é feito por preço unitário, e a administração pagará a quantidade realmente executada.

A elaboração do edital da licitação é outro momento de fundamental importância para o sucesso do empreendimento. Cada disposição nele constante precisa ser justificada tecnicamente, de forma a ter como objetivo final o atendimento do interesse público.

Dizia o saudoso professor Hely Lopes Meirelles que o edital é a lei interna da licitação. É através dele que a administração vai se comunicar formalmente com o mercado, estabelecendo as condições do objeto que pretende contratar, as regras de participação no certame, a sequência e a forma dos atos de seu procedimento, a definição da forma de classificação das propostas e dos atos de adjudicação e de homologação, o momento e a maneira pela qual o licitante poderá se insurgir contra qualquer deliberação e as regras de execução do futuro contrato, inclusive e especialmente as sanções que poderão ser aplicadas no caso de inadimplemento.

Cada uma dessas definições do edital precisa ser cientificamente analisada, de forma que o texto final possibilite a realização da efetiva busca da melhor proposta, atendendo aos princípios que regem a administração pública em geral e, em particular, as licitações por ela promovidas, como sejam os princípios constitucionais da legalidade, da impessoalidade, da moralidade, da publicidade e da eficiência, além dos princípios da competitividade, da vinculação ao instrumento convocatório, do julgamento objetivo e da celeridade, entre outros.

As regras estabelecidas tecnicamente no edital precisam ser claras e objetivas. Ninguém que tenha a oportunidade de manuseá-lo poderá ficar com duvidas a respeito e nem o seu texto poderá possibilitar interpretações subjetivas. Elaborar um ato convocatório é uma ciência, e essa tarefa deve ser atribuída a quem tiver condições técnicas para fazê-lo.

Quem deve elaborar o edital? É indagação cuja resposta tem gerado divergência no âmbito da doutrina brasileira. A Lei Geral não define claramente a quem compete realizar essa tarefa. Parece-nos que qualquer servidor tecnicamente capacitado poderá ser incumbido de tal atribuição. Aliás, vale registrar que a lei traz um impedimento a respeito do assunto. Não pode ser atribuída a tarefa de elaborar o edital à consultoria jurídica da administração. É o entendimento que podemos obter da interpretação principiológica das disposições do art. 38, parágrafo único, da Lei nº 8.666/93. Nesse momento, o legislador impôs a condição de que a minuta do edital deve ser, obrigatoriamente, examinada e aprovada pela consultoria jurídica, e é regra no direito que quem faz não pode aprovar o que fez. Isso atingiria mortalmente o princípio da imparcialidade. E princípio não pode ser contrariado, sob pena de pôr em risco todo o ordenamento jurídico, como sabiamente disse o professor Carlos Ari Sundfeld.[22]

Observada essa disposição, fica a critério do órgão/entidade a definição de quem vai elaborar a minuta do instrumento convocatório. Podemos afirmar que não será tarefa de competência de uma única

---

[22] SUNDFELD, Carlos Ari. *Fundamentos de direito público*. 4. ed. São Paulo: Malheiros, 2000.

pessoa. É um documento multidisciplinar, que envolve uma série de condições fundamentais, que, mais propriamente, deve ser tarefa de um grupo de servidores tecnicamente bem preparados, bem qualificados.

A legislação específica do pregão trouxe uma novidade: introduziu a necessidade da elaboração de um documento denominado termo de referência. A Lei nº 8.666/1993 sempre fez menção ao projeto básico como documento necessário nos processos de contratação de obras e serviços:

> Art. 7º As licitações para a execução de obras e para a prestação de serviços obedecerão ao disposto neste artigo e, em particular, à seguinte sequência:
>
> I - projeto básico;
>
> II - projeto executivo;
>
> III - execução das obras e serviços.
>
> §1º A execução de cada etapa será obrigatoriamente precedida da conclusão e aprovação, pela autoridade competente, dos trabalhos relativos às etapas anteriores, à exceção do projeto executivo, o qual poderá ser desenvolvido concomitantemente com a execução das obras e serviços, desde que também autorizado pela Administração.
>
> §2º As obras e os serviços somente poderão ser licitados quando:
>
> I - houver projeto básico aprovado pela autoridade competente e disponível para exame dos interessados em participar do processo licitatório;

Quando trata dos processos de compra, no entanto, a lei apenas dispõe sobre a necessidade da adequada caracterização de seu objeto, sem fazer menção específica a algum documento semelhante.

O Decreto nº 3.555, de 8 de agosto de 2000, o primeiro regulamento sobre a modalidade pregão, hoje conhecido como regulamento do pregão, na forma presencial, trouxe, no Anexo I, art. 8º, expressa referência ao termo de referência, como sendo um documento que deveria conter as principais disposições a respeito da licitação e do futuro contrato. Os regulamentos posteriores não só mantiveram essa referência, como foram definindo de forma mais clara o que seria o TR. O mais recente, o Decreto nº 10.024, de 2019, assim define o TR:

> Art. 3º Para fins do disposto neste Decreto, considera-se:
>
> (...)

XI - termo de referência - documento elaborado com base nos estudos técnicos preliminares, que deverá conter:

a) os elementos que embasam a avaliação do custo pela administração pública, a partir dos padrões de desempenho e qualidade estabelecidos e das condições de entrega do objeto, com as seguintes informações:

1. a definição do objeto contratual e dos métodos para a sua execução, vedadas especificações excessivas, irrelevantes ou desnecessárias, que limitem ou frustrem a competição ou a realização do certame;

2. o valor estimado do objeto da licitação demonstrado em planilhas, de acordo com o preço de mercado; e

3. o cronograma físico-financeiro, se necessário;

b) o critério de aceitação do objeto;

c) os deveres do contratado e do contratante;

d) a relação dos documentos essenciais à verificação da qualificação técnica e econômico-financeira, se necessária;

e) os procedimentos de fiscalização e gerenciamento do contrato ou da ata de registro de preços;

f) o prazo para execução do contrato; e

g) as sanções previstas de forma objetiva, suficiente e clara.

Em cada processo, em função de suas especificidades, o órgão/entidade vai constituir o seu termo de referência. Em existindo participantes, o gerenciador elabora a minuta, e esses participantes aprovam-na. É preciso cautela nesse momento para que o TR seja elaborado de uma forma bem objetiva, contendo, assim, os dados fundamentais para que o licitante conheça a necessidade real, podendo, dessa maneira, construir uma proposta factível de execução.

CAPÍTULO 7

A FASE LICITATÓRIA DO SRP

Cabe ao gerenciador realizar a licitação objetivando registrar preços, desde a publicidade até a homologação do procedimento. Basicamente, é uma licitação tradicional, realizada por pregão, preferencialmente na forma eletrônica, com todas as regras da Lei nº 10.520, de 2002, e respectivos regulamentos, ou realizada por concorrência, neste caso seguindo os ditames da Lei nº 8.666, de 1993.

Registramos uma única diferença básica entre a licitação para registro de preços e uma licitação tradicional. Nesta, os dois últimos atos devem ser, nesta ordem, a adjudicação do objeto ao licitante vencedor e a homologação do processo.

Adjudicar significa estabelecer um vínculo entre a administração e o licitante vencedor. A Lei nº 8.666/1993 assim dispõe:

> Art. 50. A Administração não poderá celebrar o contrato com preterição da ordem de classificação das propostas ou com terceiros estranhos ao procedimento licitatório, sob pena de nulidade.

Qual o fundamento para essa disposição legal? É exatamente o ato de adjudicação. Ao adjudicar o objeto a determinado licitante, aquele declarado vencedor, a administração fica a ele vinculado. Só ele poderá ser contratado para executar o objeto, dispondo a lei, expressamente, sobre a vedação à contratação com qualquer outro licitante ou com quem não tenha participado do certame.

Pois bem, o SRP tem uma regra específica diferenciada, constante da própria Lei Geral. Ao dispor sobre as regras básicas do SRP, em seu art. 15, a Lei nº 8.666/1993 traz a seguinte regra:

§4º A existência de preços registrados não obriga a Administração a firmar as contratações que deles poderão advir, ficando-lhe facultada a utilização de outros meios, respeitada a legislação relativa às licitações, sendo assegurado ao beneficiário do registro preferência em igualdade de condições.

Imaginemos que, durante a vigência da ata, a administração necessite contratar. No entanto, nesse momento, ela verifica que, por qualquer circunstância do mercado, o preço registrado está acima da mediana praticada, o que traz uma contraindicação para a contratação, podendo, até mesmo, ser alegada a existência de sobrepreço.

Nesse momento, deve a administração, representada pelo órgão gerenciador, procurar negociar com o detentor da ata uma redução no preço registrado, ainda que seja para vigência apenas naquela contratação específica, de forma a compatibilizá-lo com a mediana do mercado. Em vindo a ter sucesso na negociação, o gerenciador formalizará a contratação por esse valor mais baixo e continuará gerenciando a ata.

Se, no entanto, não houver sucesso nessa negociação, a administração não estará obrigada a contratar, podendo, na forma das disposições legais, utilizar-se de outros meios para atender suas necessidades, respeitada a legislação vigente. Utilizar-se de outros meios significaria, no caso concreto, realizar uma licitação específica para aquela contratação necessária naquele momento.

O gerenciador providenciaria, assim, a realização de um certame licitatório. Seria uma licitação normal, como qualquer outra, com um detalhe importante a ser observado. O art. 15, §4º, da Lei nº 8.666/1993, acima transcrito, dispõe que deverá ser assegurada nessa licitação preferência ao detentor da ata, quando em igualdade de condições com outro licitante.

Traduzindo: o detentor da ata pode ou não participar dessa licitação específica, decisão sua, absolutamente discricionária. Em participando e não sendo o vencedor ou em não participando, ao final do certame ele deverá ser convocado para ter a oportunidade de igualar a proposta apresentada pelo licitante declarado vencedor. Se o fizer, a contratação será realizada com ele. Em caso contrário, a administração contratará o vencedor da licitação específica.

Tendo em vista o disposto no art. 50 da Lei nº 8.666, de 1993, como vimos antes, é indispensável que o instrumento convocatório da licitação específica contenha uma regra alertando para essa situação excepcional.

Sugere-se uma redação do tipo: ESTA LICITAÇÃO TEM COMO OBJETO UM BEM/SERVIÇO PARA O QUAL A ADMINISTRAÇÃO POSSUI REGISTRO DE PREÇOS. DESSE MODO, NOS TERMOS DO ART. 15, §4º, DA LEI Nº 8.666/1993, AO FINAL DO CERTAME SERÁ DADA OPORTUNIDADE AO DETENTOR DO REGISTRO PARA IGUALAR A MELHOR PROPOSTA AQUI SELECIONADA. SE O FIZER, A CONTRATAÇÃO SERÁ REALIZADA JUNTO A ELE, RESPEITANDO O DIREITO DE PREFERÊNCIA DEFINIDO NA LEI.

A possibilidade de contratar alguém que não é o detentor da ata, que foi, portanto, o vencedor da licitação para registro de preços, é uma exceção à regra do art. 50 da Lei de Licitações e Contratos Administrativo. Como o fundamento para essa regra é o ato de adjudicação, esse ato não deve ser praticado nos certames para SRP.

Após a classificação dos licitantes e a declaração do vencedor, julgados os recursos eventualmente interpostos, o gerenciador deverá, através de sua autoridade competente, homologar o procedimento.

Alertam-se especialmente os pregoeiros para esse fato, considerando que os mesmos possuem competência legal para a prática da adjudicação nas hipóteses em que não houver interposição de recursos por parte dos licitantes. Os pregoeiros deverão encerrar as tarefas que lhes são cometidas com a declaração do licitante vencedor, encaminhando o processo à autoridade competente para homologação.

Nesse mesmo sentido, vale a pena transcrever a lição de Eliana Goulart Leão:

> A concorrência anterior ao registro de preços é uma licitação especial, diferente dos procedimentos comuns traçados por lei, e uma das suas peculiaridades de maior realce é o fato de não possuir a fase de adjudicação. A adjudicação, nos procedimentos licitatórios comuns, é um ato administrativo praticado pela comissão de julgamento ou, pela autoridade superior a esta, após a classificação das propostas, que tem por finalidade a vinculação do objeto do certame à licitante titular da proposta classificada em primeiro lugar na competição.
>
> A realização de uma licitação comum não obriga a Administração a celebrar o contrato dela decorrente, porque existe a possibilidade de revogação ou anulação do procedimento, nos termos do art. 49, *caput*, da Lei 8.666/93. Se, porém, a entidade licitadora decidir pela celebração do ajuste permitido em razão do certame realizado, só poderá contratar com a empresa adjudicatária, porque, em decorrência do ato de adjudicação, o objeto permanece a ele vinculado durante o prazo de validade da respectiva proposta.

Ao fim da concorrência que antecede a ata de registro de preços, porém, não existe nenhum vínculo entre o objeto e a primeira classificada e, muito menos, as outras propostas de ordenação subsequente que também tiveram seus preços registrados, porque, se a Lei permite à Administração não comprar dos fornecedores com preços registrados em ata e se utilizar de outros meios para a aquisição, entre os quais, até mesmo uma nova licitação, é evidente que, no procedimento licitatório realizado para registro de preços, não pode ser praticado o ato de adjudicação, vinculando o objeto do certame à licitante que apresentou a proposta classificada em primeiro lugar. Se assim não fosse, necessariamente só seria passível de registro, o valor da oferta classificada em primeiro lugar na concorrência, e o Poder Público seria obrigado a adquirir o objeto somente da empresa que a tivesse apresentado, em virtude do vínculo entre eles estabelecido pela adjudicação.

A Lei Federal, no art. 15, §4º, confirma a impossibilidade de existência da adjudicação como fase do procedimento licitatório anterior ao registro, ao permitir a adoção, pelo Poder Público, de outros meios de aquisição, porém "assegurando ao beneficiário do registro preferência em igualdade de condições".[23]

Igualmente, Guimarães e Niebuhr defendem o mesmo entendimento:

> Dos efeitos acima, dessume-se que as licitações para registrar preços não apresentam aqueles anunciados nas alíneas (a) direito do vencedor do certame de ser contratado; (b) impedimento de se contratar o objeto com terceiro; (e) vedação de se promover nova licitação.
>
> Assim sendo, o ato de adjudicação, em razão do seu conteúdo e dos seus efeitos jurídicos, inexiste em licitações para registro de preços. Estes, a meu ver, são os fundamentos jurídicos para que certames licitatórios desta natureza sejam apenas homologados pela autoridade competente.[24]

Deve-se salientar que, em alguns sistemas eletrônicos disponibilizados para realização de licitações, o órgão licitador não consegue declarar o certame encerrado sem praticar, antes, o ato de adjudicação.

---

[23] LEÃO, Eliana Goulart. *O Sistema de registro de preços*: uma revolução nas licitações. Campinas: Bookseller, 1996.

[24] GUIMARÃES, Edgar; NIEBUHR, Joel de Menezes. *Registro de preços*: aspectos práticos e jurídicos. Belo Horizonte: Fórum, 2008. 177p.

Trata-se de evidente erro de programação do sistema, que não levou em consideração o fato concreto de, em se tratando de registrar preços, esse ato inexistir no processo. Como resolver a questão? É simples: no sistema, a adjudicação deve ser praticada como forma de permitir o encerramento da licitação eletrônica; nos autos do processo correspondente, o órgão/entidade deverá fazer um registro no sentido de que a adjudicação realizada objetivou apenas permitir o encerramento da licitação no sistema, mas fazendo a ressalva de que a mesma não produzirá efeitos jurídicos, prevalecendo a legislação, no sentido de que a administração poderá não contratar o quantitativo total registrado, bem como poderá, atendido o ordenamento jurídico, contratar o mesmo objeto junto a terceiros.

No restante, o procedimento é semelhante ao de uma licitação tradicional. Cautela deve ser observada – e vale a pena fazer alguma análise nesta obra – em relação ao julgamento das propostas apresentadas. As licitações estão submetidas a uma série de princípios, alguns dos quais expressamente relacionados no art. 3º da Lei nº 8.666/1993 – outros princípios estão expressos na Constituição Federal, que também possui alguns princípios implícitos. Dentre eles, destacamos, neste momento, o da seleção da proposta mais vantajosa para a administração. Para isso, regras objetivas devem ser estabelecidas no instrumento convocatório a fim de permitir a aplicação efetiva do princípio do julgamento objetivo, em consonância direta com o princípio da vinculação ao instrumento convocatório, todos igualmente mencionados expressamente no citado art. 3º.

Mais adiante, o art. 41 da Lei de Licitações dispõe: "Art. 41. A Administração não pode descumprir as normas e condições do edital, ao qual se acha estritamente vinculada".

O art. 40, por sua vez, traz as disposições obrigatórias do edital. No inc. X, encontramos a obrigatoriedade de ele conter o:

> X – critério de aceitabilidade dos preços unitário e global, conforme o caso, permitida a fixação de preços máximos e vedados a fixação de preços mínimos, critérios estatísticos ou faixas de variação em relação a preços de referência, ressalvado o disposto nos parágrafos 1º e 2º do art. 48.

O citado art. 48 trata da desclassificação/classificação das propostas:

Art. 48. Serão desclassificadas:

I. as propostas que não atendam às exigências do ato convocatório da licitação;

II. propostas com valor global superior ao limite estabelecido ou com preços manifestamente inexequíveis, assim considerados aqueles que não venham a ter demonstrada sua viabilidade através de documentação que comprove que os custos dos insumos são coerentes com os de mercado e que os coeficientes de produtividade são compatíveis com a execução do objeto do contrato, condições estas necessariamente especificadas no ato convocatório da licitação.

Existem duas possibilidades legais para desclassificação de uma proposta legalmente apresentada: uma é o não atendimento das condições exigidas. Se o objeto ofertado não estiver integralmente compatível com aquele que foi especificado no instrumento convocatório, a proposta deve ser desclassificada, pois o interesse público nela não estará atendido. A outra é o preço ofertado: se estiver acima do critério de aceitabilidade estabelecido ou se for comprovadamente manifestamente inexequível, a proposta também não atende ao que pretende a administração, devendo ser desclassificada.

Preço superior ao limite estabelecido é um critério absolutamente objetivo: se o edital estabeleceu preço máximo – o que só é obrigatório se o objeto for obra ou serviço de engenharia –, ultrapassado esse valor cabe a desclassificação – lembrando que, no pregão, esta só pode ocorrer após a negociação. Em relação ao preço manifestamente inexequível, no entanto, não há um valor objetivo a ser aplicado. Aliás, claramente a lei dispõe que cabe ao autor da proposta demonstrar sua exequibilidade, e não à administração demonstrar a inexequibilidade. Assim, deve sempre ser oportunizado ao licitante demonstrar, através de documentação hábil, que o valor ofertado é exequível. Se o fizer, sua proposta não poderá ser desclassificada.

O §1º do mesmo art. 48 traz um critério matemático e, portanto, objetivo para definir a exequibilidade quando o objeto for uma obra ou um serviço de engenheiro:

§1º Para os efeitos do disposto no inciso II deste artigo consideram-se manifestamente inexequíveis, no caso de licitações de menor preço para obras e serviços de engenharia, as propostas cujos valores sejam inferiores a 70% (setenta por cento) do menor dos seguintes valores:

a) média aritmética dos valores das propostas superiores a 50% (cinquenta por cento) do valor orçado pela administração, ou
b) valor orçado pela administração.

Não se deve admitir, no entanto, que o resultado da aplicação desse critério matemático conduza à afirmação de ser o valor cotado inexequível. Traz ele, apenas, uma presunção de inexequibilidade. Mesmo nessa hipótese, continua obrigatório conceder ao autor da proposta o direito de demonstrar a exequibilidade do valor que ofertou, na forma do *caput* do artigo. Bem a respeito a Súmula nº 262, do Tribunal de Contas da União:

> O critério definido no art. 48, inciso II, §1º, alíneas "a" e "b", da Lei nº 8.666/93 conduz a uma presunção relativa de inexequibilidade de preços, devendo a Administração dar à licitante a oportunidade de demonstrar a exequibilidade da sua proposta.

Ao julgar as propostas, a administração não pode se esquecer de que elas foram elaboradas por seres humanos, sendo, portanto, falíveis. Não se pode exigir do licitante uma perfeição que a própria administração não possui. Assim, erros cometidos nas propostas precisam ser divididos em dois tipos: erros formais e erros materiais: formais são aqueles que em nada prejudicam a oferta, podendo ser corrigidos sem qualquer benefício para o seu autor; materiais, inversamente, são aqueles não passiveis de correção, pois, caso esta ocorresse, o autor da proposta acabaria sendo beneficiado.

Os primeiros são corretamente denominados de vícios sanáveis; os segundos, vícios insanáveis. Como o nome indica, no primeiro caso deverá ser permitido ao licitante que faça o saneamento de sua proposta; no segundo, não. Bem elaborado o texto do art. 24 da Lei nº 12.462, de 2011, que instituiu o Regime Diferenciado de Contratações Públicas (RDC):

> Art. 24. Serão desclassificadas as propostas que:
> I - contenham vícios insanáveis;
> II - não obedeçam às especificações técnicas pormenorizadas no instrumento convocatório;

III - apresentem preços manifestamente inexequíveis ou permaneçam acima do orçamento estimado para a contratação, inclusive nas hipóteses previstas no art. 6º desta Lei;

IV - não tenham sua exequibilidade demonstrada, quando exigido pela administração pública; ou

V - apresentem desconformidade com quaisquer outras exigências do instrumento convocatório, desde que insanáveis.

Assim, propostas com vícios sanáveis não devem ser, em um primeiro momento, desclassificadas. Concede-se ao licitante o direito ao saneamento, corrigindo o erro cometido. Se não o fizer, aí sim, terá a proposta desclassificada. Tudo isso vem ao encontro do princípio do formalismo moderado, que estabelece a necessidade da administração agir com moderação em relação às exigências formais do processo. Até mesmo no caso do estabelecimento de um valor máximo admissível na licitação, especialmente no caso de pregão, o pregoeiro só poderá desclassificar a proposta após a fase de lances e diante de uma negativa do proponente em negociar. Trazemos a lume dois acórdãos do TCU, bem didáticos em relação ao assunto. O primeiro é o Acórdão de Relação nº 409/2019-P:

> 38. Por fim também se entende aplicável ao caso o princípio do "formalismo moderado", consagrado na jurisprudência desta Corte, no sentido de que as exigências para habilitação devem ser compatíveis com o objeto da licitação, evitando-se o formalismo desnecessário (Acórdão 2003/2011-TCU-Plenário, Relator Min. Augusto Nardes, entre outros).[25]

No mesmo sentido, o Acórdão nº 426/2019-P, da mesma Corte de Contas:

> 12. Em face do princípio do formalismo moderado e da supremacia do interesse público, que permeiam os processos licitatórios, o fato de o licitante apresentar propostas com erros formais ou vícios sanáveis não enseja a desclassificação de sua proposta, podendo ser corrigidos com a apresentação de nova proposta desprovida dos erros. Nesse sentido, há remansosa jurisprudência desta Corte de Contas, a exemplo do Acórdão 2.239/2018-Plenário, em que o TCU entendeu ser irregular a

---

[25] BRASIL. Tribunal de Contas da União. *Acórdão de Relação nº 409/2019-P*. Disponível em: www.tcu.gov.br. Acesso em: 27 abr. 2020.

desclassificação de proposta vantajosa à administração por erro de baixa materialidade que possa ser sanado mediante diligência, por afrontar o interesse público.[26]

A Lei nº 8.666/1993, em seu art. 23, contém disposição interessante, que, muitas vezes, terá que ser aplicada nas licitações para registro de preços, especialmente levando em consideração que os quantitativos demandados são elevados, fundamentalmente quando o registro objetiva atender simultaneamente vários órgãos/entidades. Assim dispõe a lei:

> Art. 23. As modalidades de licitação a que se referem os incisos I a III do artigo anterior serão determinadas em função dos seguintes limites, tendo em vista o valor estimado da contratação:
> (...)
> §7º Na compra de bens de natureza divisível e desde que não haja prejuízo para o conjunto ou complexo, é permitida a cotação de quantidade inferior à demandada na licitação, com vistas a ampliação da competitividade, podendo o edital fixar quantitativo mínimo para preservar a economia de escala.

Bens de natureza divisível são aqueles que possuem vida própria, unidade por unidade. Se estivermos tratando, por exemplo, de caneta esferográfica, de móveis, de computadores etc., estamos diante de bens de natureza divisível. Nesse caso, como exposto acima, o licitante tem o direito de ofertar em sua proposta um quantitativo inferior ao demandado na licitação. Imaginemos que a licitação objetiva registrar preços para 10.000 resmas de papel tamanho A4 e que determinado licitante, pelo seu porte ou por condições específicas, só tenha condições de assumir o registro para fornecimento de 6.000 resmas. Estaria ele fora da licitação? A resposta é negativa. Ele poderá dela participar, ofertando a quantidade que tiver condições efetivas de atender – neste exemplo, 6.000 unidades.

Observa-se no texto legal que a administração tem o poder de impedir a participação exclusivamente quando, comprovadamente, houver prejuízo para o conjunto ou complexo. Vamos exemplificar:

---

[26] BRASIL. Tribunal de Contas da União. *Acórdão nº 426/2019-P*. Disponível em: www.tcu.gov.br. Acesso em: 27 abr. 2020.

imaginemos que o objeto da licitação seja a aquisição de 200 poltronas. Claramente, estamos diante de um objeto de natureza divisível. Imaginemos, agora, porém, que essas 200 poltronas estão sendo adquiridas para um auditório. Neste caso, o objeto perde a característica de divisibilidade, isso porque ele passa a constituir um conjunto, necessariamente uniforme: todas as poltronas precisam ser absolutamente iguais, por motivos óbvios. Como, em regra, não se estabelece no edital a marca e o modelo, cada licitante poderia oferecer aquele que melhor se conviesse, desde que atendidas todas as condições editalícias, claro. E, aí, teríamos o risco de várias marcas e modelos constituindo um único auditório, solução absolutamente inviável. Neste caso, a administração ressalvará no edital que o objeto do certame é a aquisição de *um conjunto de 200 poltronas* e que, por isso mesmo, não será admitida proposta fracionária, ou seja, ofertando um quantitativo inferior ao total demandado.

A administração pode, ainda, nos termos da lei, estabelecer no edital um quantitativo mínimo que poderá ser cotado. Esse quantitativo será estabelecido levando em conta não só a economia de escala, como o próprio interesse público, aqui representado pelo princípio da eficiência. Admitindo-se a cotação de qualquer quantitativo, a administração poderia ser obrigada a registrar uma quantidade tão grande de fornecedores que acabaria por prejudicar o próprio gerenciamento do processo.

Interessante notar que a lei permite – não obriga – o estabelecimento de um quantitativo mínimo. Como deve ser interpretada a situação em que, diante de um bem de natureza divisível, o edital não fixe esse quantitativo mínimo para propostas fracionárias? Não nos parece existir outra solução: se, diante da permissão legal para fazê-lo, a administração optou por ignorar o tema, ela terá que aceitar qualquer quantitativo ofertado pelos licitantes. A opção é estabelecer no edital; não o fez, renunciou a essa opção.

Como deve proceder o gerenciador se, no curso da licitação, vier a se deparar com essa situação: o licitante está ofertando o preço unitário mais baixo, mas está se propondo a fornecer um quantitativo inferior ao total demandado? A solução está na própria Lei de Licitações:

> Art. 45. O julgamento das propostas será objetivo, devendo a Comissão de licitação ou o responsável pelo convite realizá-lo em conformidade com os tipos de licitação, os critérios previamente estabelecidos no ato

convocatório e de acordo com os fatores exclusivamente nele referidos, de maneira a possibilitar sua aferição pelos licitantes e pelos órgãos de controle.

(...)

§6º Na hipótese prevista no art. 23, §7º, serão selecionadas tantas propostas quantas necessárias até que se atinja a quantidade demandada na licitação.

Assim, no julgamento da licitação, serão selecionadas tantas propostas quantas forem necessárias, até o atingimento do quantitativo total demandado.

O regulamento federal para registro de preços, atento a essa disposição constante do ordenamento jurídico, teve o cuidado de assim dispor:

> Art. 9º O edital de licitação para registro de preços observará o disposto nas Leis nº 8.666, de 1993, e nº 10.520, de 2002, e contemplará, no mínimo:
>
> (...)
>
> IV - quantidade mínima de unidades a ser cotada, por item, no caso de bens;

No caso específico de registro de preços para serviços, a contratação de vários prestadores pode vir a prejudicar a padronização. Trata-se de objeto cujo resultado final depende fundamentalmente da qualificação e do preparo da mão de obra empregada. Ainda que usando os mesmos materiais, os resultados finais podem ser diferentes. Atendo a isso, o Decreto nº 7.892, de 2001, trouxe a seguinte disposição para resolver a questão:

> Art. 8º O órgão gerenciador poderá dividir a quantidade total do item em lotes, quando técnica e economicamente viável, para possibilitar maior competitividade, observada a quantidade mínima, o prazo e o local de entrega ou de prestação dos serviços.
>
> §1º No caso de serviços, a divisão considerará a unidade de medida adotada para aferição dos produtos e resultados, e será observada a demanda específica de cada órgão ou entidade participante do certame.
>
> §2º Na situação prevista no §1º, deverá ser evitada a contratação, em um mesmo órgão ou entidade, de mais de uma empresa para a execução de um mesmo serviço, em uma mesma localidade, para assegurar a responsabilidade contratual e o princípio da padronização.

Assim, como consta do §2º, o gerenciador deverá fazer constar do edital, no caso de SRP para serviços, que o licitante deverá cotar, obrigatoriamente, o quantitativo total para atender cada órgão/entidade, em uma mesma localidade.

Como se trata de licitação para registro de preços, após o julgamento dos recursos que vierem a ser eventualmente interpostos, o processo será encaminhado à autoridade competente para a devida homologação. Não haverá a prática do ato de adjudicação. Na sessão de encerramento da licitação, antes da homologação, todos os licitantes deverão ser consultados sobre o interesse em participar do assim denominado cadastro de reserva. Trata-se de uma listagem dos licitantes que aceitarem praticar os mesmos preços ofertados pelo vencedor, que constituirão uma reserva técnica de apoio à administração. Se, em algum momento de vigência da Ata de Registro de Preços, o seu detentor não tiver condições de cumprir suas obrigações de fornecer o bem ou executar o serviço registrado, a administração poderá convocar aqueles que estejam inscritos no cadastro de reserva para fazê-lo, obedecida a ordem de classificação obtida na licitação. É o que dispõe o Decreto Federal nº 7.892, de 2013, em seu art. 11:

> Art. 11. Após a homologação da licitação, o registro de preços observará, entre outras, as seguintes condições:
>
> I - serão registrados na ata de registro de preços os preços e quantitativos do licitante mais bem classificado durante a fase competitiva;
>
> III - o preço registrado com indicação dos fornecedores será divulgado no Portal de Compras do Governo Federal e ficará disponibilizado durante a vigência da ata de registro de preços; e
>
> IV - a ordem de classificação dos licitantes registrados na ata deverá ser respeitada nas contratações.
>
> §1º O registro a que se refere o inciso II do *caput* tem por objetivo a formação de cadastro de reserva no caso de impossibilidade de atendimento pelo primeiro colocado da ata, nas hipóteses previstas nos arts. 20 e 21.
>
> §2º Se houver mais de um licitante na situação de que trata o inciso II do *caput*, serão classificados segundo a ordem da última proposta apresentada durante a fase competitiva.
>
> §3º A habilitação dos fornecedores que comporão o cadastro de reserva a que se refere o inciso II do *caput* será efetuada, na hipótese prevista no parágrafo único do art. 13 e quando houver necessidade de contratação de fornecedor remanescente, nas hipóteses previstas nos arts. 20 e 21.

§4º O anexo que trata o inciso II do *caput* consiste na ata de realização da sessão pública do pregão ou da concorrência, que conterá a informação dos licitantes que aceitarem cotar os bens ou serviços com preços iguais ao do licitante vencedor do certame.

O cadastro de reserva será constituído através de um anexo à ata da sessão pública de encerramento da licitação, pregão ou concorrência. Os demais licitantes não estão obrigados a aceitar a participação nesse cadastro, mas, se o fizerem, deverão aceitar praticar o mesmo preço do primeiro classificado no certame.

No caso de licitação realizada na modalidade de pregão, vale lembrar que o pregoeiro só fará, na sessão pública, o exame dos documentos de habilitação do licitante que estiver provisoriamente em primeiro lugar. Assim, para aqueles que farão parte do cadastro de reserva, não haverá esse exame da habilitação na sessão. Como dispõe o §3º do art. 11 do regulamento, esse exame será feito apenas se e quando houver necessidade de contratação de componente do cadastro. Nesse momento, considerando as condições acima, ele deverá demonstrar que atendia os requisitos de habilitação dispostos no edital do certame não só no momento da realização da licitação, como no momento em que houver interesse em contratá-lo.

CAPÍTULO 8

AS LICITAÇÕES PARA REGISTRO DE PREÇOS E AS ME/EPP

A Lei Complementar nº 123, de 14 de dezembro de 2006, estabeleceu, na parte que nos interessa, alguns privilégios para as microempresas e as empresas de pequeno porte nas licitações realizadas pela administração pública. Esse tratamento diferenciado e favorecido já estava previsto na Constituição Federal, art. 170:

> Art. 170. A ordem econômica, fundada na valorização do trabalho humano e na livre iniciativa, tem por fim assegurar a todos existência digna, conforme os ditames da justiça social, observados os seguintes princípios:
>
> I - soberania nacional;
>
> II - propriedade privada;
>
> III - função social da propriedade;
>
> IV - livre concorrência;
>
> V - defesa do consumidor;
>
> VI - defesa do meio ambiente, inclusive mediante tratamento diferenciado conforme o impacto ambiental dos produtos e serviços e de seus processos de elaboração e prestação;
>
> VII - redução das desigualdades regionais e sociais;
>
> VIII - busca do pleno emprego;
>
> IX - tratamento favorecido para as empresas de pequeno porte constituídas sob as leis brasileiras e que tenham sua sede e administração no País.

Já no art. 179 da Carta Magna, temos a seguinte previsão:

> Art. 179. A União, os Estados, o Distrito Federal e os Municípios dispensarão às microempresas e às empresas de pequeno porte, assim definidas em lei, tratamento jurídico diferenciado, visando a incentivá-las pela simplificação de suas obrigações administrativas, tributárias, previdenciárias e creditícias, ou pela eliminação ou redução destas por meio de lei.

No seu art. 3º, a LC citada dispõe sobre as exigências para fazer jus aos benefícios indicados. Basicamente, temos:

> Art. 3º Para os efeitos desta Lei Complementar, consideram-se microempresas ou empresas de pequeno porte, a sociedade empresária, a sociedade simples, a empresa individual de responsabilidade limitada e o empresário a que se refere o art. 966 da Lei nº 10.406, de 10 de janeiro de 2002 (Código Civil), devidamente registrados no Registro de Empresas Mercantis ou no Registro Civil de Pessoas Jurídicas, conforme o caso, desde que:
>
> I - no caso da microempresa, aufira, em cada ano-calendário, receita bruta igual ou inferior a R$ 360.000,00 (trezentos e sessenta mil reais); e
>
> II - no caso de empresa de pequeno porte, aufira, em cada ano-calendário, receita bruta superior a R$ 360.000,00 (trezentos e sessenta mil reais) e igual ou inferior a R$ 4.800.000,00 (quatro milhões e oitocentos mil reais).

Vale lembrar que, nos termos da Instrução Normativa DNRC nº 103/2007, expedida pelo Departamento Nacional de Registro do Comércio, compete às interessadas o enquadramento como ME ou EPP, fazendo-o através de requerimento apresentado perante a respectiva junta comercial. Da mesma forma, cessadas as condições que permitiam o enquadramento, cabe à própria interessada fazer a declaração de desenquadramento. Trata-se, portanto, de ato declaratório, de responsabilidade do próprio interessado, competindo às juntas comerciais, exclusivamente, certificar a existência ou não desse enquadramento/desenquadramento. Exatamente por isso, a participação em licitação invocando o direito aos benefícios legais, quando a empresa já sabe que não tem mais esse direito por já ter ultrapassado o limite de faturamento anual, sem ter cumprido sua obrigação legal de providenciar o desenquadramento, representa atitude reprovável, sujeita à penalização. Da farta jurisprudência do TCU a respeito, escolhemos:

> Importante ressaltar que o TCU tem precedente no sentido de que a mera participação de licitante como microempresa ou empresa de pequeno porte, amparada por declaração com conteúdo falso, configura fraude à licitação e enseja a aplicação das penalidades da lei. Não é necessário, para a configuração do ilícito, sequer que a autora da fraude obtenha a vantagem esperada (Acórdão 1797/2014-Plenário, relator: Ministro Aroldo Cedraz), o que, ainda assim, ocorreu, neste caso.[27]

O Capítulo V – Do Acesso aos Mercados, Seção I – Das Aquisições Públicas, da LC nº 123, de 2006, trata exatamente dos benefícios que devem ser concedidos, alguns dos quais relativos à fase de habilitação, e os demais relativos à fase de propostas:

> Art. 42. Nas licitações públicas, a comprovação de regularidade fiscal e trabalhista das microempresas e das empresas de pequeno porte somente será exigida para efeito de assinatura do contrato.
>
> Art. 43. As microempresas e as empresas de pequeno porte, por ocasião da participação em certames licitatórios, deverão apresentar toda a documentação exigida para efeito de comprovação de regularidade fiscal e trabalhista, mesmo que esta apresente alguma restrição.
>
> §1º Havendo alguma restrição na comprovação da regularidade fiscal e trabalhista, será assegurado o prazo de cinco dias úteis, cujo termo inicial corresponderá ao momento em que o proponente for declarado vencedor do certame, prorrogável por igual período, a critério da administração pública, para regularização da documentação, para pagamento ou parcelamento do débito e para emissão de eventuais certidões negativas ou positivas com efeito de certidão negativa.
>
> §2º A não-regularização da documentação, no prazo previsto no §1º deste artigo, implicará decadência do direito à contratação, sem prejuízo das sanções previstas no art. 81 da Lei nº 8.666, de 21 de junho de 1993, sendo facultado à Administração convocar os licitantes remanescentes, na ordem de classificação, para a assinatura do contrato, ou revogar a licitação.

---

[27] BRASIL. Tribunal de Contas da União. *Acórdão nº 3.203/2016-P*. Disponível em: www.tcu.gov.br. Acesso em: 27 abr. 2020.

Art. 44. Nas licitações será assegurada, como critério de desempate, preferência de contratação para as microempresas e empresas de pequeno porte.

§1º Entende-se por empate aquelas situações em que as propostas apresentadas pelas microempresas e empresas de pequeno porte sejam iguais ou até 10% (dez por cento) superiores à proposta mais bem classificada.

§2º Na modalidade de pregão, o intervalo percentual estabelecido no §1º deste artigo será de até 5% (cinco por cento) superior ao melhor preço.

Art. 45. Para efeito do disposto no art. 44 desta Lei Complementar, ocorrendo o empate, proceder-se-á da seguinte forma:

I - a microempresa ou empresa de pequeno porte mais bem classificada poderá apresentar proposta de preço inferior àquela considerada vencedora do certame, situação em que será adjudicado em seu favor o objeto licitado;

II - não ocorrendo a contratação da microempresa ou empresa de pequeno porte, na forma do inciso I do *caput* deste artigo, serão convocadas as remanescentes que porventura se enquadrem na hipótese dos §§1º e 2º do art. 44 desta Lei Complementar, na ordem classificatória, para o exercício do mesmo direito;

III - no caso de equivalência dos valores apresentados pelas microempresas e empresas de pequeno porte que se encontrem nos intervalos estabelecidos nos §§1º e 2º do art. 44 desta Lei Complementar, será realizado sorteio entre elas para que se identifique aquela que primeiro poderá apresentar melhor oferta.

§1º Na hipótese da não-contratação nos termos previstos no *caput* deste artigo, o objeto licitado será adjudicado em favor da proposta originalmente vencedora do certame.

§2º O disposto neste artigo somente se aplicará quando a melhor oferta inicial não tiver sido apresentada por microempresa ou empresa de pequeno porte.

§3º No caso de pregão, a microempresa ou empresa de pequeno porte mais bem classificada será convocada para apresentar nova proposta no prazo máximo de 5 (cinco) minutos após o encerramento dos lances, sob pena de preclusão.

Art. 46. A microempresa e a empresa de pequeno porte titular de direitos creditórios decorrentes de empenhos liquidados por órgãos e entidades da União, Estados, Distrito Federal e Município não pagos em até 30 (trinta) dias contados da data de liquidação poderão emitir cédula de crédito microempresarial.

Art. 47. Nas contratações públicas da administração direta e indireta, autárquica e fundacional, federal, estadual e municipal, deverá ser concedido tratamento diferenciado e simplificado para as microempresas e empresas de pequeno porte objetivando a promoção do desenvolvimento econômico e social no âmbito municipal e regional, a ampliação da eficiência das políticas públicas e o incentivo à inovação tecnológica.

Parágrafo único. No que diz respeito às compras públicas, enquanto não sobrevier legislação estadual, municipal ou regulamento específico de cada órgão mais favorável à microempresa e empresa de pequeno porte, aplica-se a legislação federal.

Art. 48. Para o cumprimento do disposto no art. 47 desta Lei Complementar, a administração pública:

I - deverá realizar processo licitatório destinado exclusivamente à participação de microempresas e empresas de pequeno porte nos itens de contratação cujo valor seja de até R$ 80.000,00 (oitenta mil reais);

II - poderá, em relação aos processos licitatórios destinados à aquisição de obras e serviços, exigir dos licitantes a subcontratação de microempresa ou empresa de pequeno porte;

III - deverá estabelecer, em certames para aquisição de bens de natureza divisível, cota de até 25% (vinte e cinco por cento) do objeto para a contratação de microempresas e empresas de pequeno porte.

§1º REVOGADO

§2º Na hipótese do inciso II do *caput* deste artigo, os empenhos e pagamentos do órgão ou entidade da administração pública poderão ser destinados diretamente às microempresas e empresas de pequeno porte subcontratadas.

§3º Os benefícios referidos no *caput* deste artigo poderão, justificadamente, estabelecer a prioridade de contratação para as microempresas e empresas de pequeno porte sediadas local ou regionalmente, até o limite de 10% (dez por cento) do melhor preço válido.

Art. 49. Não se aplica o disposto nos arts. 47 e 48 desta Lei Complementar quando:

I – REVOGADO;

II - não houver um mínimo de 3 (três) fornecedores competitivos enquadrados como microempresas ou empresas de pequeno porte sediados local ou regionalmente e capazes de cumprir as exigências estabelecidas no instrumento convocatório;

III - o tratamento diferenciado e simplificado para as microempresas e empresas de pequeno porte não for vantajoso para a administração pública ou representar prejuízo ao conjunto ou complexo do objeto a ser contratado;

IV - a licitação for dispensável ou inexigível, nos termos dos arts. 24 e 25 da Lei nº 8.666, de 21 de junho de 1993, excetuando-se as dispensas tratadas pelos incisos I e II do art. 24 da mesma Lei, nas quais a compra deverá ser feita preferencialmente de microempresas e empresas de pequeno porte, aplicando-se o disposto no inciso I do art. 48.

Na administração federal, essas condições estão regulamentadas pelo Decreto nº 8.538, de 6 de outubro de 2015. Estados e municípios podem e devem possuir regulamentação própria, observadas suas peculiaridades regionais. A regulamentação federal, no entanto, representa o piso dos benefícios que devem ser concedidos, como dispõu o parágrafo único do art. 47 da LC nº 123, de 2006.

Como aplicar esse tratamento diferenciado e favorecido nas licitações que objetivam o registro de preços? Temos duas situações básicas que devem ser observadas:

1 – se o valor estimado da licitação for até R$80.000,00, a licitação para registro de preços será exclusiva para participação de ME/EPP;

2 – se o valor estimado ultrapassar esse limite e o objeto for um bem de natureza divisível, a administração deverá reservar cota de até 25% para participação exclusiva.

No primeiro caso, é necessário ter uma cautela adicional. Se o edital da licitação permitir a adesão tardia, o limite máximo das contratações decorrentes dessa ata não pode ultrapassar R$80.000,00. Nesse limite, devem estar incluídas as contratações realizadas pelo gerenciador, pelos participantes e pelos "caronas". Tal condição ficou bem definida pelo TCU, em resposta à consulta que lhe foi formulada, no Acórdão nº 2.957/2011-P:

> 9.2.2. as licitações processadas por meio do Sistema de Registro de Preços, cujo valor estimado seja igual ou inferior a R$ 80.000,00, podem ser destinadas à contratação exclusiva de Microempresas e Empresas de Pequeno Porte, competindo ao órgão que gerencia a Ata de Registro de Preços autorizar a adesão à referida ata, desde que cumpridas as condições estabelecidas no art. 8º do Decreto nº 3.931, de 2001, e respeitado, no somatório de todas as contratações, aí incluídas tanto

as realizadas pelos patrocinadores da ata quanto as promovidas pelos aderentes, o limite máximo de R$ 80.000,00 em cada item da licitação;[28]

No segundo caso, há uma discussão interessante a ser observada. Quando trata da cota reservada, a LC nº 123/2006 (art. 48, III) dispõe que deverá ser reservado um percentual de *até* 25% para contratação de ME/EPP, que terão, então, a oportunidade de participação exclusiva. Qual a razão de a lei estabelecer um percentual limite, e não um percentual fixo? Teria a administração pública, representada pelo órgão gerenciador, uma discricionariedade na escolha desse percentual, desde que não ultrapassasse 25%?

A melhor interpretação parece ser no sentido de que esse limite deve ser interpretado conjuntamente com aquele estabelecido no mesmo art. 48, mas no inciso I. Essa interpretação conjunta leva à conclusão de que o limite seria de 25% do valor estimado, porém, limitado a R$80.000,00, valor-limite para a exclusividade às ME/EPP. Exemplo: se a administração realizar uma licitação para registro de preços, para um bem de natureza divisível, com um preço estimado de R$500.000,00, qual deveria ser a cota reservada para ME/EPP? A primeira alternativa seria aplicar 25% sobre o valor estimado, o que daria um resultado de R$125.000,00. Então, este seria o valor da cota reservada. Ocorre que, se a lei fala em *até* 25%, qualquer outro percentual escolhido atenderia as disposições legais, o que seria uma situação absolutamente ilógica. Se, entretanto, interpretarmos conjuntamente com o art. 48, I, o valor da cota exclusiva não poderia ultrapassar R$80.000,00. Ou seja, atendimento simultâneo aos dois valores: até 25% do valor estimado, porém, não podendo ultrapassar R$80.000,00.

No exemplo acima, como o menor dos dois valores é R$80.000,00, este seria o valor reservado para participação exclusiva. Se, em outro exame, 25% corresponder a R$60.000,00, este seria o valor a ser adotado.

Não é esse, no entanto, o entendimento adotado pelo TCU. Entende o tribunal que os dois limites devem ser interpretados isoladamente. Esse entendimento encontramos no Acórdão nº 1.819/2018-P:

> 9.3. dar ciência à Secretaria de Educação do Estado do Paraná, em razão dos fundamentos constantes do voto que fundamenta o presente acórdão, de que:

---

[28] BRASIL. Tribunal de Contas da União. *Acórdão nº 2.957/2011-P*. Disponível em: www.tcu.gov.br. Acesso em: 27 abr. 2020.

9.3.1. *não há*, na Complementar Lei 123/2006, e no decreto que a regulamenta, *determinação no sentido de que a aplicação da cota de 25%, de que trata o inciso III do art.* 48 *da referida lei, estaria limitada à importância de R$ 80.000,00*, prevista no inciso I do referido dispositivo, razão pela qual *não procede o entendimento de que esses incisos devem ser interpretados de forma cumulativa*; (Destaques nossos)[29]

Com todo respeito ao E. Tribunal, não concordamos com esse entendimento. Aliás, se bem analisado, ele entra em contradição com o Acórdão nº 2.957/2011-P, acima citado. Se, nas licitações exclusivas, o limite das contratações, incluindo os "caronas", não pode ultrapassar R$80.000,00, como seria possível, nas licitações com cota reservada, ultrapassar esse limite?

A aplicação dessas regras nas licitações para registro de preços ocorre da mesma forma que ocorre em uma licitação tradicional. Há o benefício do "empate ficto", um empate criado (e não real, portanto); há, também, o direito a não ser inabilitado mesmo não apresentando, no certame, regularidade fiscal e trabalhista. O Decreto Federal nº 8.538, de 2015, dispõe:

> Art. 3º Na habilitação em licitações para o fornecimento de bens para pronta entrega ou para a locação de materiais, não será exigida da microempresa ou da empresa de pequeno porte a apresentação de balanço patrimonial do último exercício social.
>
> Art. 4º A comprovação de regularidade fiscal das microempresas e empresas de pequeno porte somente será exigida para efeito de contratação, e não como condição para participação na licitação.
>
> §1º Na hipótese de haver alguma restrição relativa à regularidade fiscal quando da comprovação de que trata o *caput*, será assegurado prazo de cinco dias úteis, prorrogável por igual período, para a regularização da documentação, a realização do pagamento ou parcelamento do débito e a emissão de eventuais certidões negativas ou positivas com efeito de certidão negativa.
>
> §2º Para aplicação do disposto no §1º, o prazo para regularização fiscal será contado a partir:

---

[29] BRASIL. Tribunal de Contas da União. *Acórdão nº 1.819/2018-P*. Disponível em: www.tcu.gov.br. Acesso em: 27 abr. 2020.

I - da divulgação do resultado da fase de habilitação, na licitação na modalidade pregão e nas regidas pelo Regime Diferenciado de Contratações Públicas sem inversão de fases; ou

II - da divulgação do resultado do julgamento das propostas, nas modalidades de licitação previstas na Lei nº 8.666, de 21 de junho de 1993, e nas regidas pelo Regime Diferenciado de Contratações Públicas com a inversão de fases.

§3º A prorrogação do prazo previsto no §1º poderá ser concedida, a critério da administração pública, quando requerida pelo licitante, mediante apresentação de justificativa.

§4º A abertura da fase recursal em relação ao resultado do certame ocorrerá após os prazos de regularização fiscal de que tratam os §§1º e 3º.

§5º A não regularização da documentação no prazo previsto nos §§1º e 3º implicará decadência do direito à contratação, sem prejuízo das sanções previstas no art. 87 da Lei nº 8.666, de 1993, sendo facultado à administração pública convocar os licitantes remanescentes, na ordem de classificação, ou revogar a licitação.

Art. 5º Nas licitações, será assegurada, como critério de desempate, preferência de contratação para as microempresas e empresas de pequeno porte.

§1º Entende-se haver empate quando as ofertas apresentadas pelas microempresas e empresas de pequeno porte sejam iguais ou até dez por cento superiores ao menor preço, ressalvado o disposto no §2º.

§2º Na modalidade de pregão, entende-se haver empate quando as ofertas apresentadas pelas microempresas e empresas de pequeno porte sejam iguais ou até cinco por cento superiores ao menor preço.

§3º O disposto neste artigo somente se aplicará quando a melhor oferta válida não houver sido apresentada por microempresa ou empresa de pequeno porte.

§4º A preferência de que trata o *caput* será concedida da seguinte forma:

I - ocorrendo o empate, a microempresa ou a empresa de pequeno porte melhor classificada poderá apresentar proposta de preço inferior àquela considerada vencedora do certame, situação em que será adjudicado o objeto em seu favor;

II - não ocorrendo a contratação da microempresa ou empresa de pequeno porte, na forma do inciso I, serão convocadas as remanescentes que porventura se enquadrem na situação de empate, na ordem classificatória, para o exercício do mesmo direito; e

III - no caso de equivalência dos valores apresentados pelas microempresas e empresas de pequeno porte que se encontrem em situação de empate, será realizado sorteio entre elas para que se identifique aquela que primeiro poderá apresentar melhor oferta.

§5º Não se aplica o sorteio a que se refere o inciso III do §4º quando, por sua natureza, o procedimento não admitir o empate real, como acontece na fase de lances do pregão, em que os lances equivalentes não são considerados iguais, sendo classificados de acordo com a ordem de apresentação pelos licitantes.

§6º No caso do pregão, após o encerramento dos lances, a microempresa ou a empresa de pequeno porte melhor classificada será convocada para apresentar nova proposta no prazo máximo de cinco minutos por item em situação de empate, sob pena de preclusão.

§7º Nas demais modalidades de licitação, o prazo para os licitantes apresentarem nova proposta será estabelecido pelo órgão ou pela entidade contratante e estará previsto no instrumento convocatório.

§8º Nas licitações do tipo técnica e preço, o empate será aferido levando em consideração o resultado da ponderação entre a técnica e o preço na proposta apresentada pelos licitantes, sendo facultada à microempresa ou empresa de pequeno porte melhor classificada a possibilidade de apresentar proposta de preço inferior, nos termos do regulamento.

Em relação especificamente ao SRP, dispõe o decreto, no art. 8º:

Art. 8º Nas licitações para a aquisição de bens de natureza divisível, e desde que não haja prejuízo para o conjunto ou o complexo do objeto, os órgãos e as entidades contratantes deverão reservar cota de até vinte e cinco por cento do objeto para a contratação de microempresas e empresas de pequeno porte.

§1º O disposto neste artigo não impede a contratação das microempresas ou das empresas de pequeno porte na totalidade do objeto.

§2º O instrumento convocatório deverá prever que, na hipótese de não haver vencedor para a cota reservada, esta poderá ser adjudicada ao vencedor da cota principal ou, diante de sua recusa, aos licitantes remanescentes, desde que pratiquem o preço do primeiro colocado da cota principal.

§3º Se a mesma empresa vencer a cota reservada e a cota principal, a contratação das cotas deverá ocorrer pelo menor preço.

§4º Nas licitações por Sistema de Registro de Preço ou por entregas parceladas, o instrumento convocatório deverá prever a prioridade de aquisição dos produtos das cotas reservadas, ressalvados os casos em que a cota reservada for inadequada para atender as quantidades ou as condições do pedido, justificadamente.

§5º Não se aplica o benefício disposto neste artigo quando os itens ou os lotes de licitação possuírem valor estimado de até R$ 80.000,00 (oitenta mil reais), tendo em vista a aplicação da licitação exclusiva prevista no art. 6º.

Significa que o órgão gerenciador deverá manter rígido controle sobre a utilização da ata. A uma, tendo a cautela de registrar o mesmo preço (o menor dos dois) quando a licitação tiver uma cota reservada para ME/EPP e a mesma empresa for vencedora, também, da cota principal. A duas, no caso de vencedores distintos, fazendo com que a utilização da ata comece com a cota reservada, isto é, com a ME/EPP. Quando esgotado o seu quantitativo, aí, sim, deve-se começar a utilizar a cota principal.

CAPÍTULO 9

A ATA DE REGISTRO DE PREÇOS E OS CONTRATOS DELA DECORRENTES

Ata de Registro de Preços é, nos termos do art. 2º, inc. II, do Decreto Federal nº 7.892, de 2013, um documento vinculativo, obrigacional, com características de compromisso para futura contratação, em que se registram preços, fornecedores, órgãos participantes e condições a serem praticadas, conforme as disposições contidas no instrumento convocatório e propostas apresentadas. Concluída a licitação, com o ato de homologação, a licitante declarada vencedora firmará com o órgão gerenciado esse documento.

É vinculativo na medida em que vincula, de um lado, a administração pública, representada pelo gerenciador, e, do outro, o licitante vencedor. A partir daí, ambos estarão vinculados às condições estabelecidas na ata. É obrigacional; a uma, obriga a administração a, em havendo interesse na contratação, fazê-lo com o detentor da ata ou utilizar-se de outros meios, em situações excepcionais, mas sempre dando a ele o direito de preferência em igualdade de condições. A duas, obriga o detentor a, quando convocado pela administração, firmar o termo de contrato ou receber o instrumento equivalente, assumindo a obrigação de dar ou de fazer, consoante suas disposições.

É um compromisso para uma futura contratação; não é, portanto, um contrato, na perfeita acepção do termo. Registro de preços, como já visto alhures, não objetiva atender necessidades imediatas; destina-se às atividades mediatas, a serem concretizadas em determinado período de tempo.

Quem assina a ata com a administração é apenas o licitante vencedor. O cadastro de reserva constará de um anexo à ata da sessão pública de encerramento da licitação, realizada por pregão ou por concorrência. A ata vincula-se aos termos do instrumento convocatório, que nela não precisa estar totalmente transcrito.

A Lei nº 8.666/1993, em seu art. 15, dispõe, na parte que ora nos interessa:

> Art. 15. As compras, sempre que possível, deverão:
>
> (...)
>
> §3º O sistema de registro de preços será regulamentado por decreto, atendidas as peculiaridades regionais, observadas as seguintes condições:
>
> I - seleção feita mediante concorrência;
>
> II - estipulação prévia do sistema de controle e atualização dos preços registrados;
>
> III - validade do registro não superior a um ano.

Essa disposição constante do inc. III do §3º do art. 15 já foi objeto de polêmica na aplicação do registro de preços. Isso porque o Decreto nº 3.931, de 2001, em seu art. 4º, ao estabelecer que o prazo de validade da ata não poderia ser superior a 1 ano, admitia, no §2º, a prorrogação da vigência "quando a proposta continuar se mostrando mais vantajosa". O fundamento adotado no decreto federal seria o art. 57, §4º, da Lei nº 8.666/1993, que assim dispõe:

> Art. 57. A duração dos contratos regidos por esta Lei ficará adstrita à vigência dos respectivos créditos orçamentários, exceto quanto aos relativos:
>
> (...)
>
> §4º Em caráter excepcional, devidamente justificado e mediante autorização da autoridade superior, o prazo de que trata o inciso II do *caput* deste artigo poderá ser prorrogado por até doze meses.

Sem qualquer dúvida, tratava-se de uma absoluta impropriedade do decreto. A uma, por estar contrariando expressa disposição da Lei nº 8.666/1993, em seu art. 15, §3º, III. Era uma inovação no ordenamento jurídico criada por um decreto, o que é expressamente vedado pela Constituição Federal. Só à lei compete criar e extinguir direitos e obrigações; decreto, ato meramente regulamentador, não pode fazê-lo. A duas, pelo fundamento adotado. O art. 57 da Lei de Licitações trata de duração dos contratos de serviços continuados. É pacífico que Ata de Registro de Preços não é contrato, não se podendo a ela aplicar tal dispositivo legal. O próprio TCU obrigou-se a analisar mais detidamente o assunto para responder consulta formulada por autoridade competente. O fez no Acórdão nº 991/2009-P, cujo sumário transcreve-se a seguir:

> CONSULTA. INTERPRETAÇÃO DE DISPOSITIVOS DO DECRETO QUE REGULAMENTA O SISTEMA DE REGISTRO DE PREÇOS. CONHECIMENTO. RESPOSTA. ARQUIVAMENTO. 1. O prazo de vigência da ata de registro de preços não poderá ser superior a um ano, admitindo-se prorrogações, desde que ocorram dentro desse prazo. 2. No caso de eventual prorrogação da ata de registro de preços, dentro do prazo de vigência não superior a um ano, não se restabelecem os quantitativos inicialmente fixados na licitação, sob pena de se infringirem os princípios que regem o procedimento licitatório, indicados no art. 3º da Lei nº 8.666/93.[30]

A administração pode firmar ata com vigência, no máximo, de 12 meses. Se o fizer por período de tempo inferior, nada impede que, no curso de sua vigência, prorrogue esse prazo até atingir o limite máximo estabelecido em lei. Isso, porém, só será admissível se ainda existir quantitativo a ser demandado. Por exemplo, a administração firmou uma ata por 8 meses, registrando um quantitativo de 1.000 unidades. Ao final desse prazo, a administração só demandou 750 unidades. Como ainda restam 250 unidades registradas e não demandadas, é cabível prorrogar a vigência da ata por mais 4 meses – completando, assim, o limite máximo de 1 ano – para permitir a utilização desse saldo.

Na ata, constará a relação de todos os órgãos participantes, com os seus respectivos quantitativos registrados. Cada um deles receberá do órgão gerenciador uma cópia da ata para que possa fazer a gestão dos seus contratos específicos, daí em diante.

A administração precisa dar publicidade aos seus atos. Dessa maneira, recomenda-se a publicação do extrato da ata, contendo as informações básicas: nome do detentor, validade, objeto e preço registrado etc.

---

[30] BRASIL. Tribunal de Contas da União. *Acórdão nº 991/2009-P*. Disponível em: www.tcu.gov.br. Acesso em: 27 abr. 2020.

Firmada a ata e publicado seu extrato, a mesma passa a produzir efeitos, passa a ter eficácia jurídica. A partir daí, tanto o órgão gerenciador como os órgãos participantes poderão demandar a ata para atender as necessidades que forem ocorrendo, realizando a sua gestão, na forma que será analisada adiante.

Cada vez que precisar utilizar a ata para contratar o bem ou serviço nela registrado, a administração deverá formalizar um contrato. Observe-se que, até aqui, temos apenas um documento que cria uma expectativa de contratação, que, se não se concretizar, não trará nenhum prejuízo para a administração, tendo em vista que, na sua essência, o SRP não obriga que sejam feitas as contratações para as quais foi gerada a expectativa. Assim, quando realmente vier a necessitar do objeto registrado, há necessidade de formalização da avença. Até porque, lembremos, a Lei nº 8.666/1993 veda peremptoriamente o contrato verbal com a administração, com uma única exceção:

> Art. 60. Os contratos e seus aditamentos serão lavrados nas repartições interessadas, as quais manterão arquivo cronológico dos seus autógrafos e registro sistemático do seu extrato, salvo os relativos a direitos reais sobre imóveis, que se formalizam por instrumento lavrado em cartório de notas, de tudo juntando-se cópia no processo que lhe deu origem.
>
> Parágrafo único. É nulo e de nenhum efeito o contrato verbal com a Administração, salvo o de pequenas compras de pronto pagamento, assim entendidas aquelas de valor não superior a 5% (cinco por cento) do limite estabelecido no art. 23, inciso II, alínea "a" desta Lei, feitas em regime de adiantamento.

A exceção mencionada no parágrafo único do art. 60 não se aplica ao SRP, pois se direciona expressamente às compras feitas em regime de adiantamento, o suprimento de fundos.

O art. 40 da Lei Geral de Licitações e Contratos dispõe sobre o conteúdo obrigatório do edital da licitação, trazendo, ainda, a relação dos anexos obrigatórios desse ato normativo:

> Art. 40. O edital conterá no preâmbulo o número de ordem em série anual, o nome da repartição interessada e de seu setor, a modalidade, o regime de execução e o tipo da licitação, a menção de que será regida por esta Lei, o local, dia e hora para recebimento da documentação e proposta, bem como para início da abertura dos envelopes, e indicará, obrigatoriamente, o seguinte:

(...)

§2º Constituem anexos do edital, dele fazendo parte integrante:

I - o projeto básico e/ou executivo, com todas as suas partes, desenhos, especificações e outros complementos;

II - orçamento estimado em planilhas de quantitativos e preços unitários;

III - a minuta do contrato a ser firmado entre a Administração e o licitante vencedor;

IV - as especificações complementares e as normas de execução pertinentes à licitação.

Constata-se no §2º, em seu inciso III, que a minuta do termo de contrato a ser firmado entre a administração e o detentor da Ata de Registro de Preços constitui um anexo obrigatório do edital da licitação, fazendo parte integrante, portanto, do instrumento convocatório. Essa condição é reforçada, na própria Lei de Licitações, no §1º do art. 62. Dessa maneira, cada vez que a administração, representada pelo gerenciador e pelos participantes, precisar utilizar a ata, deverá formalizar o termo de contrato, utilizando-se para tal da minuta anexada ao edital da licitação. Isso é obrigatório, na medida em que, nos termos do art. 60, parágrafo único, é nulo e de nenhum efeito o contrato verbal.

Condição interessante, especialmente nos casos de registro de preços, consta do art. 62 da Lei nº 8.666, de 1993:

Art. 62. O instrumento de contrato é obrigatório nos casos de concorrência e de tomada de preços, bem como nas dispensas e inexigibilidades cujos preços estejam compreendidos nos limites destas duas modalidades de licitação, e facultativo nos demais em que a Administração puder substituí-lo por outros instrumentos hábeis, tais como carta-contrato, nota de empenho de despesa, autorização de compra ou ordem de execução de serviço.

§1º A minuta do futuro contrato integrará sempre o edital ou ato convocatório da licitação.

§2º Em "carta contrato", "nota de empenho de despesa", "autorização de compra", "ordem de execução de serviço" ou outros instrumentos hábeis aplica-se, no que couber, o disposto no art. 55 desta Lei.

§3º Aplica-se o disposto nos arts. 55 e 58 a 61 desta Lei e demais normas gerais, no que couber:

I - aos contratos de seguro, de financiamento, de locação em que o Poder Público seja locatário, e aos demais cujo conteúdo seja regido, predominantemente, por norma de direito privado;

II - aos contratos em que a Administração for parte como usuária de serviço público.

§4º É dispensável o "termo de contrato" e facultada a substituição prevista neste artigo, a critério da Administração e independentemente de seu valor, nos casos de compra com entrega imediata e integral dos bens adquiridos, dos quais não resultem obrigações futuras, inclusive assistência técnica.

Como dispõe o *caput* do artigo, o instrumento de contrato é obrigatório nos casos de licitação realizada nas modalidades de concorrência e tomada de preços, bem como nos casos de dispensa ou inexigibilidade de licitação cujos valores se enquadrem nos limites dessas modalidades licitatórias. Com os limites hoje vigentes, excluída a engenharia, o convite só pode ser utilizado até R$176.000,00; a partir daí, resta a utilização da tomada de preços ou da concorrência. Entenda-se, assim, que, a partir desse valor, o instrumento de contrato torna-se obrigatório. É conveniente esclarecer que o texto legal denomina de instrumento de contrato o documento completo, contendo todas as condições legais exigidas.

Há, no entanto, uma ressalva importante no §4º do art. 62: a administração poderá substituir o instrumento de contrato completo nos casos de compra com entrega imediata e integral dos bens adquiridos, dos quais não resultem obrigações futuras, inclusive assistência técnica, *independentemente do valor envolvido na contratação*. Essa condição é muito importante para o SRP na medida em que as compras são realizadas para entrega imediata e integral dos bens que estão sendo adquiridos, o que permitirá a utilização de um termo de contrato simplificado, que a lei considera como instrumento hábil a produzir efeitos, com o próprio texto legal sugerindo algumas denominações usualmente encontradas: carta contrato, nota de empenho de despesa, autorização de compra etc.

Discute-se doutrinariamente a condição aposta na parte final do §4º do art. 62: o termo de contrato completo é dispensado nos casos em que não há obrigações futuras, inclusive assistência técnica. Nos casos de bens que possuem garantia de fabricação ofertada pelo seu fabricante, haveria ou não a possibilidade de substituição do termo de contrato por um instrumento hábil equivalente? Vamos recordar que garantia não tem o mesmo significado de assistência técnica. São coisas distintas que produzem efeitos distintos. Nesse sentido, trazemos à baila trecho do Acórdão nº 1.134/2017-2ªC, em que o tema foi discutido diante de uma representação que, entre outros assuntos, o discutia:

> 3. Diante disso, após conhecer da representação, por meio do despacho à Peça nº 21, determinei que a Secex/RJ adotasse as seguintes providências:
> "(...) 9.1. promova a oitiva do Instituto Militar de Engenharia (IME) e, concorrentemente, a audiência dos seus gestores responsáveis, nos termos do art. 250 do Regimento Interno do Tribunal, para que, no prazo de 15 (quinze) dias, manifestem-se sobre as falhas apontadas nesta representação, relativos ao Pregão Eletrônico nº 5/2016, e em especial sobre:
> (...)
> p) não inclusão da minuta de contrato como anexo do edital, contrariando, inclusive, a orientação contida no Parecer nº 5.506/2015/GWL/CJU-RJ/CGU/AGU da Consultoria Jurídica da União, sendo o instrumento de contrato essencial nos casos de produto com garantia técnica, como é o caso dos aparelhos de ar condicionado, nos termos do art. 62, §4º, *in fine*, da Lei nº 8.666, de 1993;
> q) possível desvirtuando do instrumento de contrato simplificado, previsto no art. 62, §4º, da Lei nº 8.666, de 1993, uma vez que a 'entrega imediata' prevista na aludida norma é incompatível com o prazo de doze meses previsto no item 14.1 e seguintes do edital, conforme indicado no Parecer nº 5.506/2015/GWL/CJU-RJ/CGU/AGU da Consultoria Jurídica da União;
> (...)
> 93. Item 'q', da audiência formalizada à peça 54, p. 3 (Ofício 3046/2016):
> '(...) q) não inclusão da minuta de contrato como anexo do edital, contrariando, inclusive, a orientação contida no Parecer 5.506/2015/GWL/CJU-RJ/CGU/AGU da Consultoria Jurídica da União, sendo o instrumento de contrato essencial nos casos de produto com garantia técnica, como é o caso dos aparelhos de ar condicionado, nos termos do art. 62, §4º, in fine, da Lei 8.666, de 1993; (...)'.
> 94. O signatário alega, à peça 59, p. 6, em resumo, que a assistência técnica e a garantia são institutos diversos. Argumenta que o primeiro se refere ao serviço de manutenção, enquanto a garantia se refere ao prazo que o consumidor dispõe para reclamar dos defeitos. Afirma que a garantia técnica objetiva assegurar o padrão de qualidade por determinado período. Adiante alega, em síntese, que o contrato administrativo está relacionado com a entrega, já a garantia se refere à manutenção

dos padrões de qualidade por determinado período. Adiante alega que não há, no caso presente, assistência técnica, mas garantia técnica. Cita trecho do Voto da Relatoria que fundamentou a Decisão 202-TCU-Primeira Câmara, abaixo reproduzido:

'VOTO

(...) No que se refere à vigência do contrato, é necessário reconhecer o acerto das considerações tecidas a esse respeito pela unidade técnica na instrução transcrita no relatório. Conforme evidenciado à fl. 134, anexo 1, o objeto do contrato já foi integralmente executado e pago, não havendo nenhum serviço pendente e tampouco saldo remanescente a pagar. O contrato só permanece em vigor em razão da garantia técnica, estipulada na cláusula décima quinta (fl. 25, anexo 1) que se estenderia por período não inferior a cinco anos, contados da lavratura do termo de entrega e recebimento definitivo do objeto contratado. Como visto, esse prazo foi equivocadamente inserto na vigência do contrato. (...)'.

95. Finaliza suas razões, em resumo, alegando que a vigência contratual tem seu término com o recebimento e o consequente pagamento. Sendo que o lapso da garantia técnica permanecerá após a entrega do definitiva do objeto (peça 59, p. 7).

96. Finaliza com a seguinte alegação (peça 59, p. 7):

'(...) Do exposto, o IME entende que a contratação pretendida se enquadra perfeitamente na exceção de dispensa de Termo de Contrato, prevista no §4o, do art. 62, da lei 8.666/93, uma vez constar no Item 4.1 do Termo de Referência, que o prazo de entrega e instalação dos bens é de 30 (trinta) dias, contados a partir do dia da emissão da Nota de Empenho, em remessa única. Cabendo ressaltar, pelos motivos expostos acima, que a garantia técnica não gera a obrigatoriedade de Termo de Contrato, assim não fere o instituto da entrega imediata. (...)'.

Análise

97. A garantia técnica, em síntese, é benefício concedido pelo fornecedor e/ou fabricante. Tem como finalidade assegurar a qualidade/desempenho do aparelho de ar condicionado, no caso presente. É uma obrigação futura, quando verificado defeito no aparelho. Já o contrato administrativo, em resumo, tem como finalidade, estabelecer regras a serem seguidas, por ambas as partes, durante o período de execução do objeto. No caso presente, o recebimento definitivo ocorrerá no prazo de trinta dias, conforme estabelecido nos itens 4.4 a 4.7.7 do Termo de Referência, constante da peça 6, p. 10. A instalação é decorrente da aquisição e deve ser realizada, obviamente, após a entrega. Não há, no caso presente, prestação continuada de serviços. Por fim, tem-se os

arts. 69 e 73, §2º, da Lei 8.666/1993 estabelecem o grau de responsabilidade do fornecedor.

98. Diante do exposto, a presente instrução posiciona-se no sentido de acolher as razões de justificativa apresentadas pelo (omissis)".[31]

É muito comum encontrarmos no seio da administração pública a confusão entre prazo de vigência *do contrato* e prazo de vigência *da garantia*. O prazo de vigência do contrato deve seguir as disposições da Lei nº 8.666/1993, em seu art. 57. Nele não estará incluída a garantia, que se relaciona a outra norma legal, no caso, a Lei nº 8.078, de 11 de setembro de 1990, conhecida como Lei de Defesa dos Direitos do Consumidor. A vigência da garantia independe da vigência do contrato; esta estabelece as obrigações decorrentes do seu objeto. Cumpridas essas obrigações, a avença estará encerrada. Se o objeto for um bem para o qual o fabricante ofertar uma garantia, esta continua prevalecendo, independentemente do contrato de fornecimento já estar encerrado. Assim, ao estabelecer o prazo de vigência de um contrato, a administração não deve se ater à garantia do objeto. Diferente é a situação em que o fornecimento inclui a prestação de serviços de assistência técnica. Aí, teremos: o prazo de fornecimento, que se exaure com o recebimento definitivo; o prazo de assistência técnica, definido no instrumento convocatório, que começa a partir da conclusão do fornecimento e prevalece pelo período de tempo definido no instrumento contratual; e o prazo de garantia, que normalmente é estabelecido, juntamente com as condições a serem atendidas, em um documento usualmente denominado termo de garantia.

Assim, no caso do SRP para fornecimento de bens para pronta-entrega, em não havendo contratação de assistência técnica, poderá ser utilizado um instrumento equivalente ao termo de contrato, independentemente do valor envolvido na contratação. Na hipótese de existir a contratação de assistência técnica e, genericamente, nos casos de contratação de serviços por registro de preços, o termo de contrato completo será obrigatório.

Um dos instrumentos hábeis indicados pela lei é a Nota de Empenho de Despesa. É uma hipótese bastante vantajosa, em termos de eficiência, para a administração pública, tendo em vista que a emissão

---

[31] BRASIL. Tribunal de Contas da União. *Acórdão nº 1.134/2017-2ªC*. Disponível em: www.tcu.gov.br. Acesso em: 27 abr. 2020.

desse empenho será sempre obrigatória em qualquer contratação, como vemos na Lei nº 4.320, de 17 de março de 1964, que estatui normas gerais de direito financeiro:

> Art. 60. É vedada a realização de despesa sem prévio empenho.
>
> §1º Em casos especiais previstos na legislação específica será dispensada a emissão da nota de empenho.
>
> §2º Será feito por estimativa o empenho da despesa cujo montante não se possa determinar.
>
> §3º É permitido o empenho global de despesas contratuais e outras, sujeitas a parcelamento.
>
> Art. 61. Para cada empenho será extraído um documento denominado "nota de empenho" que indicará o nome do credor, a representação e a importância da despesa bem como a dedução desta do saldo da dotação própria.

A administração pode atingir os dois objetivos com um só ato, ao emitir a Nota de Empenho, obrigatória como ato imperativo, prévio à realização da despesa, atenderá a sua obrigatoriedade em termos de direito financeiro; ao mesmo tempo, utilizando-se da permissão legal, estará formalizando o instrumento contratual, obrigatório nos termos da Lei de Licitações e Contratos.

Algumas condições precisam ser observadas atentamente para que o processo trilhe o caminho da legalidade plena. Em primeiro lugar, lembramos das cláusulas necessárias em todos os contratos administrativos, constante da Lei nº 8.666/1993:

> Art. 55. São cláusulas necessárias em todo contrato as que estabeleçam:
>
> I - o objeto e seus elementos característicos;
>
> II - o regime de execução ou a forma de fornecimento;
>
> III - o preço e as condições de pagamento, os critérios, data-base e periodicidade do reajustamento de preços, os critérios de atualização monetária entre a data do adimplemento das obrigações e a do efetivo pagamento;
>
> IV - os prazos de início de etapas de execução, de conclusão, de entrega, de observação e de recebimento definitivo, conforme o caso;
>
> V - o crédito pelo qual correrá a despesa, com a indicação da classificação funcional programática e da categoria econômica;

VI - as garantias oferecidas para assegurar sua plena execução, quando exigidas;

VII - os direitos e as responsabilidades das partes, as penalidades cabíveis e os valores das multas;

VIII - os casos de rescisão;

IX - o reconhecimento dos direitos da Administração, em caso de rescisão administrativa prevista no art. 77 desta Lei;

X - as condições de importação, a data e a taxa de câmbio para conversão, quando for o caso;

XI - a vinculação ao edital de licitação ou ao termo que a dispensou ou a inexigiu, ao convite e à proposta do licitante vencedor;

XII - a legislação aplicável à execução do contrato e especialmente aos casos omissos;

XIII - a obrigação do contratado de manter, durante toda a execução do contrato, em compatibilidade com as obrigações por ele assumidas, todas as condições de habilitação e qualificação exigidas na licitação.

Se a lei relaciona essas cláusulas como *necessárias*, elas devem constar dos instrumentos contratuais independentemente de sua forma. Mesmo que seja utilizada a Nota de Empenho como termo de contrato, as cláusulas necessárias devem constar da mesma. Claro que fica difícil fazê-lo, tendo em vista que o objetivo da NE é outro e, portanto, seu modelo padronizado acaba fazendo com que essa inclusão, especialmente considerando a quantidade de cláusulas, quase que inviabilize esse procedimento. Trata-se, no entanto, de dificuldade de fácil solução. Basta relacionar todas essas condições, expressamente, no instrumento convocatório da licitação para registro de preços e, no momento oportuno, ao emitir a Nota de Empenho, fazer dela constar uma remissão do tipo: ESTA NOTA DE EMPENHO SERVE COMO INSTRUMENTO DO CONTRATO, NOS TERMOS DA LEI Nº 8.666/1993. TODAS AS CONDIÇÕES EXPRESSAS NO INSTRUMENTO CONVOCATÓRIO DA LICITAÇÃO Nº XXXXX PASSAM A FAZER PARTE INTEGRANTE DESTA NE/TERMO DE CONTRATO, COMO SE NELA TRANSCRITAS ESTIVESSEM.

Em segundo lugar, recordamos ser anexo obrigatório do edital a minuta do termo de contrato, como consta dos arts. 40, §2º, inciso III, e 62, §1º, ambos da Lei nº 8.666, de 1993, já transcritos anteriormente. A lei é enfática: a minuta do futuro termo de contrato integrará sempre o edital ou ato convocatório da licitação. O vocábulo *sempre* não permite qualquer tipo de dúvida: independentemente do modelo que será utilizado, sua minuta é parte integrante do instrumento convocatório. O objetivo dessa condição também não traz dificuldades em relação à interpretação: o licitante, ao participar do certame, já terá conhecimento, desde então, dos termos do contrato a que estará obrigado caso venha a ser declarado vencedor.

Se a administração pretende utilizar a Nota de Empenho como termo de contrato, sua minuta deve constar como parte integrante do instrumento convocatório da licitação para registro de preços, obrigatoriamente. O mesmo raciocínio vale para qualquer outra forma que pretenda ser adotada.

Em terceiro lugar, não podemos esquecer as disposições do art. 61 da Lei nº 8.666/1993:

> Art. 61. Todo contrato deve mencionar os nomes das partes e os de seus representantes, a finalidade, o ato que autorizou a sua lavratura, o número do processo da licitação, da dispensa ou da inexigibilidade, a sujeição dos contratantes às normas desta Lei e às cláusulas contratuais.
>
> Parágrafo único. A publicação resumida do instrumento de contrato ou de seus aditamentos na imprensa oficial, que é condição indispensável para sua eficácia, será providenciada pela Administração até o quinto dia útil do mês seguinte ao de sua assinatura, para ocorrer no prazo de vinte dias daquela data, qualquer que seja o seu valor, ainda que sem ônus, ressalvado o disposto no art. 26 desta Lei.

Chamamos atenção especialmente para as disposições do parágrafo único do artigo. É obrigatória a publicação, na imprensa oficial, do resumo do instrumento de contrato. Tão obrigatória que a lei colocou como condição de eficácia. Significa dizer que, enquanto não publicado o extrato respectivo, o contrato é legal, válido, mas não produz efeitos jurídicos, por carecer de eficácia. Em tese, sem eficácia, não poderia ser executado e, se o for, não traria fundamento legal para a realização do respectivo pagamento. Nesse caso, a administração teria que quitar sua obrigação através da figura legal da indenização.

Em que pese a redação deveras complicada desse parágrafo, entenda-se que existe um prazo máximo definido legalmente para que a publicação seja feita. Não podemos nos esquecer que a lei é de 1993, quando a internet não era praticamente utilizada na administração pública brasileira. Os documentos precisavam ser impressos e remetidos para a imprensa oficial. Na administração federal, por exemplo, espalhada por todo este grande país, a remessa para Brasília, sede da Imprensa Nacional, levava alguns dias para se concretizar. Por isso, a lei acabou por estabelecer um prazo mais dilatado: todos os contratos firmados em determinado mês deveriam ter os respectivos extratos publicados até, basicamente, o prazo de 20 dias, contados a partir do 5º dia útil do mês subsequente. Hoje, com a utilização da internet, os contratos são firmados em um dia e publicados até o dia seguinte, não importando o local do Brasil onde se situa a administração pública contratante.

O fundamental é que se publique para que a lei seja cumprida e a avença tenha eficácia, evitando questionamentos.

Claro que, no caso de contratação de serviços registrados em uma ata, condições adicionais precisam ser observadas. A lei só faculta a utilização de instrumento hábil, qualquer que seja o valor da contratação, para a compra com entrega imediata e integral dos bens adquiridos, desde que não existam obrigações futuras, como assistência técnica. Dessa maneira, no caso de serviços, devem ser aplicadas as disposições do *caput* do art. 62 da Lei nº 8.666/1993: o termo de contrato só poderá ser substituído por instrumento equivalente se o valor da contratação estiver enquadrado no limite da modalidade convite.

A vigência da Ata de Registro de Preços não pode ultrapassar o prazo de 1 ano. A vigência dos contratos dela decorrentes deve seguir as regras do art. 57 da Lei de Licitações. A administração poderá firmar contratos até o último dia de vigência da ata; a partir daí, o que estará valendo é o contrato firmado na forma da lei.

Assim dispõe o art. 57 da lei:

Art. 57. A duração dos contratos regidos por esta Lei ficará adstrita à vigência dos respectivos créditos orçamentários, exceto quanto aos relativos:

I - aos projetos cujos produtos estejam contemplados nas metas estabelecidas no Plano Plurianual, os quais poderão ser prorrogados se houver interesse da Administração e desde que isso tenha sido previsto no ato convocatório;

II - à prestação de serviços a serem executados de forma contínua, que poderão ter a sua duração prorrogada por iguais e sucessivos períodos com vistas à obtenção de preços e condições mais vantajosas para a administração, limitada a sessenta meses;

III - (Vetado).

IV - ao aluguel de equipamentos e à utilização de programas de informática, podendo a duração estender-se pelo prazo de até 48 (quarenta e oito) meses após o início da vigência do contrato.

V - às hipóteses previstas nos incisos IX, XIX, XXVIII e XXXI do art. 24, cujos contratos poderão ter vigência por até 120 (cento e vinte) meses, caso haja interesse da administração.

Objetos constantes de registros de preços objetivam execução imediata. Já nos manifestamos anteriormente de forma contrária à utilização do SRP, por exemplo, para contratação de serviços continuados. Assim, o enquadramento em relação aos prazos de vigência deve seguir as regras do *caput* do art. 57: a duração dos contratos ficará adstrita à vigência dos créditos orçamentários.

Vale lembrar que a Ata de Registro de Preços não está ligada a essa regra exatamente pelo fato de que ela não formaliza um compromisso de contratar. Diferente é a situação do contrato, com o qual a administração tem um compromisso: de pagar quando o objeto estiver executado.

Já analisamos em capítulo anterior a regra relativa aos contratos firmados em um exercício, cujo prazo de execução, no entanto, ultrapasse a data de 31 de dezembro, com a necessidade de inscrição em Restos a Pagar, para permitir a quitação no exercício seguinte. É a forma de cumprir a legislação vigente, a partir da Constituição Federal, que veda a assunção de compromissos para quitação com recursos de orçamento vindouro. Assim dispõe a Carta Magna:

> Art. 167. São vedados:
>
> (...)
>
> II - a realização de despesas ou a assunção de obrigações diretas que excedam os créditos orçamentários ou adicionais;

Como os créditos orçamentários possuem vigência até 31 de dezembro, as obrigações assumidas devem ser quitadas com a utilização do orçamento vigente naquele momento.

CAPÍTULO 10

A UTILIZAÇÃO DA ATA DE REGISTRO DE PREÇOS

Formalizada a ata, o gerenciador dela deve extrair cópias, encaminhando-as aos participantes. Cada um, em tese, vai gerenciar os seus contratos. Não se pode esquecer, no entanto, que há um gerenciador no processo todo e, para tanto, é necessário que tome conhecimento de todos os atos praticados.

Cada vez que necessitar adquirir/contratar o objeto registrado na ata, o órgão participante terá que formalizar o contrato. É oportuno registrar que, em havendo mais de um fornecedor registrado para o mesmo item – o que pode ocorrer quando determinado licitante, se o objeto for de natureza divisível, não oferecer proposta para atender o quantitativo total demandado –, deverá ser obedecida a ordem de classificação da licitação realizada. Nessa situação, o participante deverá consultar previamente o gerenciador para saber quem é o fornecedor que, naquele momento, está em primeiro lugar para atendimento. Como, nessa hipótese, os preços podem ser desiguais, a demanda iniciará, sempre, por aquele que tiver oferecido o valor mais baixo. Quem faz esse controle é o órgão gerenciador.

Formalizada a contratação, cópia do instrumento contratual utilizado deverá ser encaminhada ao gerenciador para controle.

Cada participante, assim como o gerenciador, tem determinado quantitativo registrado expressamente na ata e poderá utilizá-lo livremente. Se, eventualmente, o participante verificar que se aproxima o prazo final de vigência da ata sem que ele tenha esgotado seu quantitativo registrado, poderá solicitar ao gerenciador que esse prazo seja prorrogado, dentro da hipótese legal, isto é, para completar o limite máximo de um ano definido legalmente – se o prazo inicial de vigência já era de um ano, não existe possibilidade de prorrogação.

No gerenciamento de seus contratos, cada participante será o encarregado dos atos de gestão e fiscalização. Da mesma forma, cabe ao participante gerenciar as situações de descumprimento de obrigações por parte do detentor do registro, no caso da ata, ou parte do contratado, em já tendo sido formalizada a avença.

Imaginemos que determinado participante convoque o detentor do registro para receber uma Nota de Empenho de Despesa a fim de formalizar uma contratação de fornecimento. Neste momento, consideremos a hipótese de que o fornecedor se recuse a receber o documento, descumprindo, assim, uma obrigação legal, ou, alternativamente, que ele receba a NE, mas não execute, total ou parcialmente, o contrato. A competência para julgar esses comportamentos é do próprio participante, como dispõe o Decreto Federal nº 7.892, de 2013:

> Art. 6º O órgão participante será responsável pela manifestação de interesse em participar do registro de preços, providenciando o encaminhamento ao órgão gerenciador de sua estimativa de consumo, local de entrega e, quando couber, cronograma de contratação e respectivas especificações ou termo de referência ou projeto básico, nos termos da Lei nº 8.666, de 21 de junho de 1993, e da Lei nº 10.520, de 17 de julho de 2002, adequado ao registro de preços do qual pretende fazer parte, devendo ainda:
>
> (...)
>
> §1º Cabe ao órgão participante aplicar, garantida a ampla defesa e o contraditório, as penalidades decorrentes do descumprimento do pactuado na ata de registro de preços ou do descumprimento das obrigações contratuais, em relação às suas próprias contratações, informando as ocorrências ao órgão gerenciador.

Ao receber a comunicação do participante sobre eventuais penalidades aplicadas, o gerenciador tomará as providências cabíveis em relação à continuidade da gestão da ata.

No descumprimento de obrigações decorrentes da ata ou de seus próprios contratos, no caso do órgão gerenciador, também terão os processos de julgamento conduzidos pelo próprio.

É oportuno registrar que, na Lei nº 8.666/1993, encontramos quatro tipos de penalidades que podem ser aplicadas pela administração pública:

Art. 87. Pela inexecução total ou parcial do contrato a Administração poderá, garantida a prévia defesa, aplicar ao contratado as seguintes sanções:

I - advertência;

II - multa, na forma prevista no instrumento convocatório ou no contrato;

III - suspensão temporária de participação em licitação e impedimento de contratar com a Administração, por prazo não superior a 2 (dois) anos;

IV - declaração de inidoneidade para licitar ou contratar com a Administração Pública enquanto perdurarem os motivos determinantes da punição ou até que seja promovida a reabilitação perante a própria autoridade que aplicou a penalidade, que será concedida sempre que o contratado ressarcir a Administração pelos prejuízos resultantes e após decorrido o prazo da sanção aplicada com base no inciso anterior.

§1º Se a multa aplicada for superior ao valor da garantia prestada, além da perda desta, responderá o contratado pela sua diferença, que será descontada dos pagamentos eventualmente devidos pela Administração ou cobrada judicialmente.

§2º As sanções previstas nos incisos I, III e IV deste artigo poderão ser aplicadas juntamente com a do inciso II, facultada a defesa prévia do interessado, no respectivo processo, no prazo de 5 (cinco) dias úteis.

§3º A sanção estabelecida no inciso IV deste artigo é de competência exclusiva do Ministro de Estado, do Secretário Estadual ou Municipal, conforme o caso, facultada a defesa do interessado no respectivo processo, no prazo de 10 (dez) dias da abertura de vista, podendo a reabilitação ser requerida após 2 (dois) anos de sua aplicação.

As duas primeiras produzem efeitos em relação apenas aos próprios participantes, mas, se o gerenciador observar que vários participantes estão aplicando penalidade de advertência, deverá redobrar sua atenção em relação a essa ata, tendo em vista que a repetição de falhas pode levar à conclusão sobre problemas futuros.

A penalidade de suspensão temporária de participação em licitação e impedimento de contratar tem gerado discussões a respeito de sua amplitude. Há uma célebre divergência de interpretação entre o Poder Judiciário, representado pelo Superior Tribunal de Justiça (STJ), e o Tribunal de Contas da União. No entendimento do primeiro, as consequências da aplicação dessa penalidade são mais graves, pois impediriam o apenado de formalizar contratos com toda a administração pública durante o período da suspensão. Temos várias deliberações a respeito, citando-se como exemplo:

ADMINISTRATIVO. SUSPENSÃO DE PARTICIPAÇÃO EM LICITAÇÕES. MANDADO DE SEGURANÇA. ENTES OU ÓRGÃOS DIVERSOS. EXTENSÃO DA PUNIÇÃO PARA TODA A ADMINISTRAÇÃO.
1. A punição prevista no inciso III do art. 87 da Lei 8.666/1993 não produz efeitos somente em relação ao órgão ou ente federado que determinou a punição, mas a toda a Administração Pública, pois, caso contrário, permitir-se-ia que empresa suspensa contratasse novamente durante o período de suspensão, tirando desta a eficácia necessária.[32]

Do voto do ministro relator, extraímos o seguinte excerto:

> É irrelevante a distinção entre os termos Administração Pública e Administração, por isso que ambas as figuras (suspensão temporária de participar em licitação (inc. III) e declaração de inidoneidade (inc. IV) acarretam ao licitante a não-participação em licitações e contratações futuras.
> A Administração Pública é una, sendo descentralizadas as suas funções, para melhor atender ao bem comum.
> A limitação dos efeitos da 'suspensão de participação de licitação' não pode ficar restrita a um órgão do poder público, pois os efeitos do desvio de conduta que inabilita o sujeito para contratar com a Administração se estendem a qualquer órgão da Administração Pública.

Entendimento diferente, no entanto, foi construído no âmbito do TCU após várias discussões em relação ao assunto. Para melhor entender como deliberou a Corte de Contas, devemos lembrar que, como transcrito acima, a Lei nº 8.666/1993, em seu art. 87, inc. III, dispõe expressamente que a penalidade implica em suspensão temporária e impedimento de participação de licitações com a *administração*. Segundo dispõe o art. 6º da mesma norma: "XII – Administração – órgão, entidade ou unidade administrativa pela qual a administração pública opera e atua concretamente;".

O termo *administração* significa, então, o órgão que está representando a administração pública naquele processo concretamente. A própria lei, no mesmo art. 6º, faz perfeitamente a distinção ao definir, no inciso anterior, o que ela considera *administração pública*:

---

[32] BRASIL. Superior Tribunal de Justiça. *REsp 151567/RJ-2ª Turma*. Disponível em: www.stj.jus.br. Acesso em: 27 abr. 2020.

XI – Administração Pública – a administração direta e indireta da União, dos Estados, do Distrito Federal e dos Municípios, abrangendo inclusive as entidades com personalidade jurídica de direito privado sob controle do poder público e das fundações por ele instituídas ou mantidas;

No entendimento do STJ, como vimos, essa distinção seria irrelevante. A tese de que o mau comportamento perante um órgão/entidade deveria gerar consequências em toda a administração pública pode ser aceita, mas parece evidente não ter sido essa a definição legal. A lei quis diferenciar, sim, a situação, tanto que, ao tratar, no inc. IV do art. 87, de outra penalidade, a declaração de inidoneidade, a lei se referiu expressamente à *administração pública*. E, afinal, a lei não contém palavras inúteis.

Assim, parece-nos mais aceitável o entendimento do TCU, no sentido de que essa penalidade somente gera efeitos no âmbito do órgão/entidade que a aplicou. Nesse sentido, por exemplo, o Acórdão nº 1.806/2015-P:

> 23. Ao tratar desse assunto, a jurisprudência do TCU dispõe que a *sanção de suspensão temporária produz efeitos apenas em relação ao órgão ou entidade sancionador*, entendimento exposto, por exemplo, nos Acórdãos 3.243/2012, 3.439/2012, 842/2013, 1.017/2013, 2.242/2013 e 504/2015, todos do Plenário, e nos Acórdãos 2.617/2010 e 3.858/2009, ambos da 2ª Câmara.[33]

A Lei nº 13.303/2016, estatuto jurídico das empresas estatais, trouxe penalidade semelhante a essa da Lei nº 8.666/1993, mas com uma redação de não deixa qualquer margem à dúvida:

> Art. 83. Pela inexecução total ou parcial do contrato a empresa pública ou a sociedade de economia mista poderá, garantida a prévia defesa, aplicar ao contratado as seguintes sanções:
>
> I - advertência;
>
> II - multa, na forma prevista no instrumento convocatório ou no contrato;
>
> III - suspensão temporária de participação em licitação e impedimento de contratar com a entidade sancionadora, por prazo não superior a 2 (dois) anos.

---

[33] BRASIL. Tribunal de Contas da União. *Acórdão nº 1.806/2015-P*. Disponível em: www.tcu.gov.br. Acesso em: 27 abr. 2020.

A disposição da Lei das Estatais se coaduna com a interpretação dada pelo TCU: a penalidade se aplica, apenas, em relação à entidade sancionadora.

Já na Lei nº 10.520/2002, encontramos uma nova penalidade de impedimento de participação em licitação:

> Art. 7º Quem, convocado dentro do prazo de validade da sua proposta, não celebrar o contrato, deixar de entregar ou apresentar documentação falsa exigida para o certame, ensejar o retardamento da execução de seu objeto, não mantiver a proposta, falhar ou fraudar na execução do contrato, comportar-se de modo inidôneo ou cometer fraude fiscal, ficará impedido de licitar e contratar com a União, Estados, Distrito Federal ou Municípios e, será descredenciado no Sicaf, ou nos sistemas de cadastramento de fornecedores a que se refere o inciso XIV do art. 4o desta Lei, pelo prazo de até 5 (cinco) anos, sem prejuízo das multas previstas em edital e no contrato e das demais cominações legais.

Claramente, no entanto, as consequências são diferentes. Nesta, o impedimento de participar de licitações e ser contratado, além de poder atingir um prazo mais longo (até 5 anos), abrange todo o ente federativo sancionador. Assim, se for aplicada por um órgão estadual, conduzirá o impedimento a toda a administração estadual, e assim sucessivamente. Em relação a esta penalidade, não existem divergências de interpretação que devam ser analisadas.

CAPÍTULO 11

A GESTÃO DOS PREÇOS REGISTRADOS

A Constituição Federal vigente, vinda ao mundo no ano de 1988, traz a base para a regra constitucional de contratar por licitação, regra que pode ser excepcionada em situações expressamente previstas no ordenamento jurídico. Ao definir desse modo, a CF/88 agregou condições básicas e fundamentais a serem observadas nos processos de contratação:

> Art. 37. A administração pública direta e indireta de qualquer dos Poderes da União, dos Estados, do Distrito Federal e dos Municípios obedecerá aos princípios de legalidade, impessoalidade, moralidade, publicidade e eficiência e, também, ao seguinte:
>
> (...)
>
> XXI - ressalvados os casos especificados na legislação, as obras, serviços, compras e alienações serão contratados mediante processo de licitação pública que assegure igualdade de condições a todos os concorrentes, com cláusulas que estabeleçam obrigações de pagamento, mantidas as condições efetivas da proposta, nos termos da lei, o qual somente permitirá as exigências de qualificação técnica e econômica indispensáveis à garantia do cumprimento das obrigações.

Promulgada em momento de grande instabilidade econômica no Brasil, com a inflação mensal atingindo percentuais muito elevados, a Carta Magna teve a preocupação de assegurar aos contratados pela administração pública o direito à manutenção *das condições efetivas da proposta*. Significa dizer que uma proposta apresentada em determinado momento perante a administração pública deveria necessariamente ter assegurada a manutenção de suas condições efetivas até o final da execução da avença.

Aprovada a proposta e firmado o respectivo contrato, forma-se entre a administração e o particular a equação econômico-financeira, equação matemática simples, do tipo:

$$ENCARGOS = REMUNERAÇÃO$$

O primeiro termo da equação representa todas as obrigações assumidas pelo contratado em decorrência do contrato; o segundo termo representa o valor a ser pago pela administração pelo cumprimento das obrigações do contratado.

No momento inicial, presume-se que essa equação está desequilibrada, mas, no curso da execução contratual, essa equação pode vir a sofrer algum desequilíbrio, ora causado por fatos previsíveis, ora causado por fatos imprevisíveis. O simples decurso de prazo costuma ser um fator desequilibrante. Afinal, temos inflação em nossa economia, a qual, ainda que reduzida nos últimos tempos, existe e é positiva. Inflação significa perda do poder aquisitivo da moeda, o que causa desequilíbrio em uma equação econômico-financeira. Por outro lado, eventualmente, temos a edição de atos governamentais, que podem tornar mais ou menos onerosa a execução das obrigações contratuais, igualmente gerando desequilíbrio.

A Lei nº 10.192, de 14 de fevereiro de 2001, dispõe a respeito do tema:

> Art. 2º É admitida estipulação de correção monetária ou de reajuste por índices de preços gerais, setoriais ou que reflitam a variação dos custos de produção ou dos insumos utilizados nos contratos de prazo de duração igual ou superior a um ano.
> §1º É nula de pleno direito qualquer estipulação de reajuste ou correção monetária de periodicidade inferior a um ano.
> §2º Em caso de revisão contratual, o termo inicial do período de correção monetária ou reajuste, ou de nova revisão, será a data em que a anterior revisão tiver ocorrido.
> (...)
> Art. 3º Os contratos em que seja parte órgão ou entidade da Administração Pública direta ou indireta da União, dos Estados, do Distrito Federal e dos Municípios, serão reajustados ou corrigidos monetariamente de acordo com as disposições desta Lei, e, no que com ela não conflitarem, da Lei nº 8.666, de 21 de junho de 1993.

§1º A periodicidade anual nos contratos de que trata o caput deste artigo será contada a partir da data limite para apresentação da proposta ou do orçamento a que essa se referir.

§2º O Poder Executivo regulamentará o disposto neste artigo.

Embora a redação do art. 2º da lei não pareça das mais felizes, deixando a entender que contratos com prazo de duração inferior a um ano não teriam direito à aplicação do instituto, é certo que prevalece em nosso país a regra da anualidade para reequilibrar a equação econômico-financeira dos contratos, como bem dispõe o §1º do mesmo artigo. O que se precisa verificar, em seguida, é como contar essa anualidade, isto é, qual o marco inicial para essa contagem. Isso está disposto no art. 3º, especialmente em seu §1º. Existem duas possibilidades para essa definição:

1 – anualidade contada a partir da data-limite para apresentação da proposta; ou,
2 – anualidade contada a partir da data do orçamento a que essa proposta se referir.

Essas alternativas são excludentes: como dispõe a lei, será utilizada uma *ou* outra; nunca as duas. Essa definição terá que ser feita obrigatoriamente no instrumento convocatório da licitação para registro de preços.

Determinadas propostas são apresentadas perante a administração contendo o preço vigente exatamente nesse momento. Por exemplo, imaginemos um certame licitatório cuja sessão inicial esteja marcada para o dia 13 de maio de 2020. Aqueles que estiverem interessados em participar da licitação devem apresentar suas propostas, quer na forma eletrônica, quer na forma tradicional, até esse dia. Ao fazê-lo, os licitantes estão cotando valores vigentes nessa data, que é a data-limite para apresentação da proposta. Aquele que vier a ser contratado como decorrência desse certame terá o direito de reequilibrar a equação econômico-financeira exatamente um ano após essa data-limite: 13 de maio de 2021.

Em determinadas situações, no entanto, o licitante está vinculado ao cumprimento de outras disposições legais, que o obrigam a, embora apresentando proposta no dia 13 de maio de 2020, fazê-la com valores vinculados a datas anteriores. Duas situações tradicionais podem ser invocadas como exemplos. No primeiro caso, imaginemos que a proposta se refere à prestação de determinado serviço através de mão de obra pertencente a uma categoria econômica organizada.

Quando isso ocorre, essa categoria tem uma data-base definida, isto é, determinado mês do ano para que patrões e empregados discutam cláusulas econômicas de seus contratos de trabalho. Para complementar, imaginemos que a categoria econômica envolvida nessa proposta tenha sua data-base no dia 1º de fevereiro de cada ano.

Quando apresentar a proposta no dia 13 de maio, o licitante, na parte referente à mão de obra, não estará cotando preço para aquele dia, mas, sim, o preço vigente na data-base da categoria (1º de fevereiro). Nesse caso, o licitante que for contratado terá o direito de reequilibrar a equação econômico-financeira no dia 1º de fevereiro de 2021, prevalecendo, assim, a segunda alternativa legal.

Como se observa, não existe hipótese legal de contagem da anualidade a partir da data da assinatura do contrato. É sempre a partir da proposta apresentada, para que a regra constitucional seja mantida. Afinal, a CF não fala em manutenção das condições efetivas do contrato; determina, isso, sim, a manutenção das condições efetivas *da proposta*. Significa dizer que, ainda que o contrato tenha prazo de duração inferior a um ano, poderá ocorrer do contratado ter o direito a reequilibrar a equação, bastando para tal que seja completado o prazo de um ano, contado desde a apresentação da proposta ou da data do orçamento a que essa proposta se referir.

No caso do SRP, como o prazo de validade da ata pode ser mais longo, podendo atingir até o máximo de um ano, torna-se importante a tarefa de gerenciamento dos valores registrados, a partir das condições estabelecidas no instrumento convocatório. A administração estará sempre diante de duas soluções alternativas e contrárias: se resolver controlar esse preço de forma mais rígida, pode levar os licitantes a cotarem valores mais elevados na licitação, como forma de se precaverem contra a possibilidade de prejuízos na execução. De outra banda, se o controle for mais frágil, uma boa contratação inicial pode se transformar em um sério risco para o interesse público. A solução é buscar a fórmula amparada na legislação vigente.

O Decreto Federal nº 7.892, de 2013, prescreve:

> Art. 17. Os preços registrados poderão ser revistos em decorrência de eventual redução dos preços praticados no mercado ou de fato que eleve o custo dos serviços ou bens registrados, cabendo ao órgão gerenciador promover as negociações junto aos fornecedores, observadas as disposições contidas na alínea "d" do inciso II do *caput* do art. 65 da Lei nº 8.666, de 1993.

Art. 18. Quando o preço registrado tornar-se superior ao preço praticado no mercado por motivo superveniente, o órgão gerenciador convocará os fornecedores para negociarem a redução dos preços aos valores praticados pelo mercado.

§1º Os fornecedores que não aceitarem reduzir seus preços aos valores praticados pelo mercado serão liberados do compromisso assumido, sem aplicação de penalidade.

§2º A ordem de classificação dos fornecedores que aceitarem reduzir seus preços aos valores de mercado observará a classificação original.

Art. 19. Quando o preço de mercado tornar-se superior aos preços registrados e o fornecedor não puder cumprir o compromisso, o órgão gerenciador poderá:

I - liberar o fornecedor do compromisso assumido, caso a comunicação ocorra antes do pedido de fornecimento, e sem aplicação da penalidade se confirmada a veracidade dos motivos e comprovantes apresentados; e

II - convocar os demais fornecedores para assegurar igual oportunidade de negociação.

Parágrafo único. Não havendo êxito nas negociações, o órgão gerenciador deverá proceder à revogação da ata de registro de preços, adotando as medidas cabíveis para obtenção da contratação mais vantajosa.

Art. 20. O registro do fornecedor será cancelado quando:

I - descumprir as condições da ata de registro de preços;

II - não retirar a nota de empenho ou instrumento equivalente no prazo estabelecido pela Administração, sem justificativa aceitável;

III - não aceitar reduzir o seu preço registrado, na hipótese deste se tornar superior àqueles praticados no mercado; ou

IV - sofrer sanção prevista nos incisos III ou IV do caput do art. 87 da Lei nº 8.666, de 1993, ou no art. 7º da Lei nº 10.520, de 2002.

Parágrafo único. O cancelamento de registros nas hipóteses previstas nos incisos I, II e IV do *caput* será formalizado por despacho do órgão gerenciador, assegurado o contraditório e a ampla defesa.

Art. 21. O cancelamento do registro de preços poderá ocorrer por fato superveniente, decorrente de caso fortuito ou força maior, que prejudique o cumprimento da ata, devidamente comprovados e justificados:

I - por razão de interesse público; ou

II - a pedido do fornecedor.

Na cabeça do art. 17, o regulamento prevê a possibilidade de revisão dos preços registrados, tanto para elevá-los como para reduzi-los, com a aplicação das disposições do art. 65, inc. II, "d", da Lei de Licitações:

> Art. 65. Os contratos regidos por esta Lei poderão ser alterados, com as devidas justificativas, nos seguintes casos:
>
> (...)
>
> II - por acordo das partes:
>
> (...)
>
> d) para restabelecer a relação que as partes pactuaram inicialmente entre os encargos do contratado e a retribuição da administração para a justa remuneração da obra, serviço ou fornecimento, objetivando a manutenção do equilíbrio econômico-financeiro inicial do contrato, na hipótese de sobrevirem fatos imprevisíveis, ou previsíveis porém de consequências incalculáveis, retardadores ou impeditivos da execução do ajustado, ou, ainda, em caso de força maior, caso fortuito ou fato do príncipe, configurando álea econômica extraordinária e extracontratual.

Trata-se da hipótese usualmente denominada de revisão, que alguns autores preferem chamar de reequilíbrio ou recomposição. É um dos instrumentos que poderão ser utilizados para reequilibrar a equação econômico-financeira de um contrato. A revisão deve ser aplicada diante da ocorrência de fatos imprevisíveis, ou até previsíveis, porém, de consequências incalculáveis.

No art. 17, o regulamento federal prevê a possibilidade de, em algum momento, os preços registrados apresentarem, no mercado, um valor inferior àquele que consta da Ata de Registro de Preços. Nessa situação, é de interesse da administração realizar uma negociação com o detentor da ata, objetivando reduzir o valor registrado, adequando-o aos novos parâmetros de mercado agora observados. Isso pode vir a ocorrer em qualquer momento de vigência da ata. O órgão gerenciador, exercendo o papel principal que lhe cabe no processo, deve manter permanente controle sobre os preços para que, se necessário, possa negociar a revisão. Em seu art. 15, a Lei nº 8.666/1993, no §2º, dispõe que a administração deve publicar trimestralmente os preços registrados, o que indica a necessidade de realizar pesquisas no mercado a cada três meses. Não vemos essa periodicidade como necessária, hoje.

A lei é de 1993, época de inflação elevada, causada por uma economia descontrolada. Hoje, os índices inflacionários estão muito mais reduzidos, fazendo com que a variação de preços seja muito menor. Acreditamos que uma pesquisa de mercado a cada seis meses seja suficiente, a não ser que fatos extraordinários surjam.

No caso inverso, isto é, quando os preços no mercado estiverem acima daqueles que foram registrados, o interesse em revisá-los passa a ser do fornecedor, que deverá, assim, ter a iniciativa de procurar o gerenciador, com esse objetivo. Nesse caso, o detentor da ata obriga-se ao cumprimento, nas mesmas condições pactuadas, de todos os contratos que já tiverem sido firmados até então como decorrência daquela ata. Se, eventualmente, vier a ocorrer a majoração do preço, este somente terá influência nos contratos futuros.

Interessante notar que, enquanto o art. 17 do decreto prevê a possibilidade de revisão dos preços para mais ou para menos, a partir do art. 18 passa a admitir tão somente que o ajuste seja formalizado se objetivar reduzir o valor, nunca para aumentá-lo. Dispõe o art. 18 que a administração, representada pelo gerenciador, deverá convocar o detentor do registro, propondo que o preço registrado seja reduzido para adequá-lo ao novo padrão observado no mercado. Se houver concordância, esta será formalizada e, a partir de então, todas as contratações deverão ser feitas adotando o novo preço para o que o gerenciador dará ciência aos participantes – como deve proceder o gerenciador se o detentor do registro não concordar com a redução do valor.

Dispõe o decreto que o mesmo deverá ser liberado do compromisso assumido, isto é, liberado dos compromissos firmados com a assinatura da ata, desde que, claro, ele demonstre a impossibilidade de reduzir o preço, não bastando, assim, sua negativa imotivada. Duas condições devem ser observadas: a uma, todos os contratos já firmados deverão ser cumpridos integralmente. O descumprimento poderá gerar a aplicação das penalidades cabíveis. A duas, a liberação em relação à ata, a partir daí, será sem aplicação de penalidades, considerando que o fornecedor comprovou, perante o gerenciador, a impossibilidade de continuar cumprindo seus compromissos pelo novo valor proposto.

Em seguida, em existindo cadastro de reserva, todos os seus componentes serão consultados pelo gerenciador sobre a possibilidade de assumirem o encargo, praticando o novo valor, mais reduzido. Essas consultas obedecerão a ordem de classificação que tiver sido registrada na licitação. No momento em que algum deles aceitar a proposta, com ele será formalizada uma nova Ata de Registro de Preços para fornecer o quantitativo que, naquele instante, for o remanescente da ata original.

Se nenhum integrante do cadastro de reserva aceitar a proposta, dispõe o decreto que o gerenciador deverá revogar a ata e buscar nova forma de contratação, obedecida a legislação vigente.

O regulamento não detalha os procedimentos que devem ser adotados em situação inversa, isto é, quando o fornecedor solicitar à administração uma elevação no valor registrado. Esse silêncio tem sido entendido como uma impossibilidade desse procedimento ser adotado. Não nos parece ser a melhor solução, especialmente levando em consideração que o sistema de registro de preços faz parte integrante do ordenamento jurídico vigente e que este prevê, formalmente, a possibilidade disso vir a ocorrer. Diríamos até que deve ser mais rotineira a situação em que o preço registrado acabe se mostrando inferior ao praticado no mercado do que à situação inversa.

Inicialmente, devemos lembrar que o art. 17 do regulamento federal dispõe sobre revisão genérica dos preços, para mais ou para menos, citando expressamente as disposições do art. 65, II, "d", da Lei de Licitações, que, como já vimos, trata da revisão. Fatos imprevisíveis ou até previsíveis, mas de consequências incalculáveis, podem vir a ocorrer independentemente da vontade das partes. Ignorá-los seria ignorar a própria realidade. Um exemplo patente e bem atual ocorreu neste ano de 2020. Imaginemos que órgãos/entidades da administração pública tivessem registrados preços para fornecimento de máscaras cirúrgicas, constantemente demandadas em função das atividades desenvolvidas. Pouco tempo depois, em plena vigência da ata, é decretada a pandemia gerada pelo novo coronavírus, que causa a doença denominada COVID-19, com índices de propagação e de letalidade bastante elevados. Situação absolutamente imprevisível no momento em que a ata foi formalizada. Como consequência da pandemia, os preços no mercado de comercialização de máscaras cirúrgicas sofreram consideráveis elevações, reação natural, considerando que, como regra, o aumento da demanda faz com que os valores correspondentes aumentem. Em uma situação como essa, seria natural que o gerenciador da ata, convencido pelo fornecedor da impossibilidade de manutenção do preço registrado – fato confirmado, em seguida, pelos eventuais integrantes do cadastro de reserva –, simplesmente o liberasse dos compromissos, declarando extinta a ata? O que fazer a partir de então? Nova licitação? Uma contratação sem licitação? Com certeza, e os fatos estão aí para comprovar, em qualquer dessas ou de outras hipóteses legais, a administração se veria diante de um fato concreto: preços no mercado muito superiores aos que estavam registrados na ata extinta. Valeria a pena, assim, extinguir a ata? Ou teria sido mais vantajoso, diante de uma situação absolutamente imprevisível, utilizar-se das disposições da Lei nº 8.666/1993, negociar com o detentor da ata um aumento no preço registrado e continuar com um fornecedor de produto tão essencial?

Não podemos raciocinar com a hipótese de que o Decreto nº 7.892, de 2013, simplesmente veda qualquer elevação no preço registrado, pois estaríamos colocando esse regulamento em patamar hierárquico superior às leis que regem as contratações públicas. Melhor será considerar que o decreto foi, lamentavelmente, omisso e que, diante dessa omissão, devemos buscar outros meios, no ordenamento jurídico, para fazer esse ajuste de valor a maior.

Afinal, já ficou claro que o comando constitucional é direto, claro e objetivo: no curso da execução dos contratos, devem ser mantidas as condições efetivas da proposta. Isso significa que deve ser mantido, sempre, o equilíbrio da equação econômico-financeira. Para tanto, a legislação vigente traz, na parte que nos interessa, os remédios da aplicação dos institutos do reajuste em sentido estrito e da revisão – deixamos de tecer comentários sobre a figura da repactuação, considerando que ela é específica para contratos de serviços continuados com dedicação exclusiva de mão de obra, situação que consideramos incompatível com as diretrizes de um sistema de registro de preços, como visto anteriormente. O primeiro, a ser aplicado para corrigir desequilíbrio causado por situações previsíveis; o segundo, por situações imprevisíveis. Como já falamos da revisão, vamos tratar, agora, do reajuste em sentido estrito.

Tendo em vista o comando constitucional do art. 37, inc. XXI, a Lei nº 8.666/1993 prevê expressamente que o edital de uma licitação deverá conter, obrigatoriamente, as regras para aplicação do instituto do reajustamento:

> Art. 40. O edital conterá no preâmbulo o número de ordem em série anual, o nome da repartição interessada e de seu setor, a modalidade, o regime de execução e o tipo da licitação, a menção de que será regida por esta Lei, o local, dia e hora para recebimento da documentação e proposta, bem como para início da abertura dos envelopes, e indicará, obrigatoriamente, o seguinte:

(...)

XI - critério de reajuste, que deverá retratar a variação efetiva do custo de produção, admitida a adoção de índices específicos ou setoriais, desde a data prevista para apresentação da proposta, ou do orçamento a que essa proposta se referir, até a data do adimplemento de cada parcela;

A lei trata da mesma forma a aplicação dos critérios de reajustamento nos contratos administrativos, considerando-os como cláusulas necessárias:

> Art. 55. São cláusulas necessárias em todo contrato as que estabeleçam:
> (...)
> III - o preço e as condições de pagamento, os critérios, data-base e periodicidade do reajustamento de preços, os critérios de atualização monetária entre a data do adimplemento das obrigações e a do efetivo pagamento;

Não existe discricionariedade: o edital deverá conter obrigatoriamente as condições para aplicação do reajustamento; todos os contratos devem conter a cláusula de reajustamento. Afinal, em sendo um imperativo imposto pela Constituição Federal, não poderia ser ignorado e nem alterado pela legislação ordinária. Nesse sentido, aliás, já se posicionou, com inteira justeza, o TCU:

> 63. No tocante à preparação do instrumento convocatório, não se acatam as justificativas apresentadas em razão do Edital 007/2014-CCL ter sido assinado pelos Srs. (omissis) e (omissis), o que evidencia a sua participação na elaboração do documento ou a assunção de responsabilidade pelo seu teor (peça 7, p. 25).
> 64. O referido edital dispõe que a vigência do contrato seria de 180 dias, segundo item 13.11 (peça 7, p. 20), podendo ser prorrogado, em que pese o contrato ter estabelecido a vigência de doze meses (peça 13, p. 3). Considerando a alegação dos responsáveis de que a cláusula de reajustamento de preços somente é cabível em contratos iguais ou superiores a um ano, ela seria necessária no contrato com a (omissis) em razão da vigência estipulada de doze meses, ou seja, um ano.
> 65. Nesse sentido é o entendimento da Lei 10.192, de 14/2/2001, mencionada na defesa, que, em seu artigo 2º, caput, admite a estipulação de correção monetária ou de reajuste nos contratos de prazo de duração igual ou superior a um ano, e em seu parágrafo 1º dispõe ser nula de

pleno direito qualquer estipulação de reajuste ou correção monetária de periodicidade inferior a um ano.

66. Entretanto, o estabelecimento dos critérios de reajuste dos preços, tanto no edital quanto no instrumento contratual, não constitui discricionariedade conferida ao gestor, mas sim verdadeira imposição, ante o disposto nos artigos 40, inciso XI, e 55, inciso III, da Lei 8.666/93. Assim, a sua ausência constitui irregularidade, tendo, inclusive, este Tribunal se manifestado acerca da matéria, por meio do Acórdão 2804/2010-Plenário, no qual julgou ilegal a ausência de cláusula neste sentido, por violar os dispositivos legais acima reproduzidos. Até em contratos com prazo de duração inferior a doze meses, o TCU determina que conste no edital cláusula que estabeleça o critério de reajustamento de preço (Acórdão 73/2010-Plenário, Acórdão 597/2008-Plenário e Acórdão 2715/2008-Plenário, entre outros).

67. A falta da referida cláusula trouxe prejuízo à Administração, pois foi um dos motivos para a decisão de anular a Concorrência 007/2004-CCL e realizar novo certame, pois teria que ser corrigida a defasagem de preço decorrida entre a data de formulação do orçamento e a data atual, como mencionado no relatório da assessoria técnica da SEAP à peça 36.[34]

Com razão o E. Tribunal. Até mesmo em contratos com prazo de duração inferior a um ano, é obrigatório deles fazer constar as regras de reajustamento. A uma, porque a Lei nº 8.666/1993 não fez distinção nem no art. 40, nem no art. 55: é condição obrigatória nos editais e em todos os contratos. Afinal, reajustamento é a maneira de reequilibrar a equação econômico-financeira quando o desequilíbrio for causado exclusivamente por decurso de prazo. Como temos inflação (perda do poder aquisitivo da nossa moeda), o desequilíbrio ocorrerá naturalmente. A duas, porque a anualidade nunca será contada a partir da vigência do contrato.

Alega-se, muitas vezes, que tal condição não seria aplicável no caso de registro de preços, tendo em vista que a ata não é, rigorosamente, um contrato, mas, tão somente, uma promessa de futura contratação. Isso é inegável. Como é inegável, também, no entanto, que, cada vez que a administração, representada pelo gerenciador ou por algum participante, quiser demandar o objeto registrado na ata, haverá, obrigatoriamente, a formalização de um contrato. Então, não

---

[34] BRASIL. Tribunal de Contas da União. *Acórdão nº 2.205/2016-P*. Disponível em: www.tcu.gov.br. Acesso em: 27 abr. 2020.

há como fugir da realidade: o edital da licitação para registro de preços deverá conter, obrigatoriamente, as regras para aplicação, no momento oportuno, do reajustamento (art. 40, XI); o termo de contrato deverá conter, como cláusula necessária que é, as regras para reajustamento (art. 55, III), a serem aplicadas quando couberem.

Assim, ainda que o Decreto Federal nº 7.892, de 2013, não traga, expressamente, a possibilidade de elevação dos preços registrados, tal condição deve ser obrigatoriamente observada para a efetiva aplicação das regras do ordenamento jurídico, cumprindo-se, assim, o comando constitucional.

Desse modo:

1 – se, no curso da vigência da ata, ocorrer um fato imprevisível, ou até previsível, mas de consequências incalculáveis, estranho à vontade das partes, a revisão do preço registrado poderá ser aplicada, elevando-o ou reduzindo-o, com a análise dos fatos concretos incidentes naquele processo especificamente;

2 – quando completado o prazo de um ano, contado a partir da data de apresentação da proposta ou do orçamento a que essa proposta se referir (o edital deve conter apenas uma dessas situações, em cada caso), os contratos firmados devem ter seus valores reajustados.

Imaginemos o seguinte exemplo: em 17.04.2019, foi realizada a sessão pública de uma licitação objetivando o registro de preços para determinado fornecimento. O edital estabelecia que o reajustamento seria contado a partir da data-limite para apresentação das propostas. Em 25.07.2019, foi formalizada a Ata de Registro de Preços, com vigência de 12 meses. Em 08.05.2020, a administração pública, através de um dos integrantes da ata, formaliza uma contratação de fornecimento do produto registrado, com prazo de entrega de 30 dias. Como já decorrido o prazo de 12 meses, contado desde a data-limite para apresentação das propostas, o valor a ser pago como consequência desse fornecimento já estará reajustado, obedecida a variação do índice definido obrigatoriamente no edital, nos últimos 12 meses.

É pacífico o entendimento no sentido de que, em sendo o mero cumprimento de uma obrigação imposta pela Carta Magna, o reajustamento deverá ser concedido de ofício pela administração, não havendo necessidade de prévio requerimento por parte do interessado. Afinal, todas as regras constarão do edital e, consequentemente, da Ata de Registro de Preços, indicando o índice a ser aplicado e o marco inicial para a contagem da periodicidade. Assim, de posse de todas as informações, deve o órgão gerenciador providenciar o cálculo do reajuste em sentido estrito, que estará valendo a partir de então. Aliás, exatamente por já constarem do instrumento convocatório e da ata as regras necessárias, entende-se que a aplicação do instituto do reajustamento não altera o contrato – no caso, não altera a ata. Desse modo, não haverá necessidade de qualquer aditivo para implementá-lo, pois a formalização de termo aditivo só é necessária quando se objetiva alterar uma regra previamente posta. Deverá ser formalizado por apostilamento nos autos do processo. Nesse sentido, muito clara a Lei nº 8.666/1993:

> Art. 65. Os contratos regidos por esta Lei poderão ser alterados, com as devidas justificativas, nos seguintes casos:
>
> (...)
>
> §8º A variação do valor contratual para fazer face ao reajuste de preços previsto no próprio contrato, as atualizações, compensações ou penalizações financeiras decorrentes das condições de pagamento nele previstas, bem como o empenho de dotações orçamentárias suplementares até o limite do seu valor corrigido, não caracterizam alteração do mesmo, podendo ser registrados por simples apostila, dispensando a celebração de aditamento.

Não há possibilidade de acréscimos nos quantitativos registrados nas atas. Aliás, o regulamento é explícito nesse sentido. Porém, os contratos decorrentes dessas atas são avenças comuns, como qualquer outro contrato administrativo, estando, assim, sujeitos às regras legais, dentre as quais aquelas que estabelecem a possibilidade de alteração dos quantitativos, constantes da Lei nº 8.666/1993:

> Art. 65. Os contratos regidos por esta Lei poderão ser alterados, com as devidas justificativas, nos seguintes casos:
>
> (...)
>
> §1º O contratado fica obrigado a aceitar, nas mesmas condições contratuais, os acréscimos ou supressões que se fizerem nas obras, serviços ou compras, até 25% (vinte e cinco por cento) do valor inicial atualizado do contrato, e, no caso particular de reforma de edifício ou de equipamento, até o limite de 50% (cinquenta por cento) para os seus acréscimos.
>
> §2º Nenhum acréscimo ou supressão poderá exceder os limites estabelecidos no parágrafo anterior, salvo:

I - (VETADO)

II - as supressões resultantes de acordo celebrado entre os contratantes.

Desse modo, nos contratos decorrentes de SRP, o órgão/entidade poderá implementar, unilateralmente, um acréscimo ou uma supressão, até o limite de 25% do valor inicial atualizado daquele contrato. O regulamento federal, em consonância com a lei, dispõe:

> Art. 12. O prazo de validade da ata de registro de preços não será superior a doze meses, incluídas eventuais prorrogações, conforme o inciso III do §3º do art. 15 da Lei nº 8.666, de 1993.
>
> §1º É vedado efetuar acréscimos nos quantitativos fixados pela ata de registro de preços, inclusive o acréscimo de que trata o §1º do art. 65 da Lei nº 8.666, de 1993.
>
> §2º A vigência dos contratos decorrentes do Sistema de Registro de Preços será definida nos instrumentos convocatórios, observado o disposto no art. 57 da Lei nº 8.666, de 1993.
>
> §3º Os contratos decorrentes do Sistema de Registro de Preços poderão ser alterados, observado o disposto no art. 65 da Lei nº 8.666, de 1993.
>
> §4º O contrato decorrente do Sistema de Registro de Preços deverá ser assinado no prazo de validade da ata de registro de preços.

Situação interessante está prevista, na administração pública federal, na Instrução Normativa nº 6-SLTI, de 25 de julho de 2014, do então Ministério do Planejamento, Desenvolvimento e Gestão. Essa norma previa a possibilidade de determinado órgão participante da ata já ter esgotado o quantitativo para ele registrado, antes do final da vigência da ata. Imagine-se que esse órgão venha a ter necessidades adicionais que, em tese, não poderiam mais ser atendidas pelo esgotamento de seu quantitativo; mas se, na mesma ata, houver sobra no quantitativo registrado para outro órgão participante, seria possível fazer algum ajuste entre esses quantitativos? A resposta é positiva. Dispõe a citada IN:

> Art. 2º Nas Atas de Registro de Preços, as quantidades previstas para os itens com preços registrados poderão ser remanejadas pelo órgão gerenciador entre os órgãos participantes e não participantes do procedimento licitatório para registro de preços.

§1º O remanejamento de que trata o *caput* somente poderá ser feito de órgão participante para órgão participante e de órgão participante para órgão não participante.

(...)

§3º Para efeito do disposto no caput, caberá ao órgão gerenciador autorizar o remanejamento solicitado, com a redução do quantitativo inicialmente informado pelo órgão participante, desde que haja prévia anuência do órgão que vier a sofrer redução dos quantitativos informados.

§4º Caso o remanejamento seja feito entre órgãos de Estados ou Municípios distintos, caberá ao fornecedor beneficiário da Ata de Registro de Preços, observadas as condições nela estabelecidas, optar pela aceitação ou não do fornecimento decorrente do remanejamento dos itens.

As empresas estatais possuem uma situação diferenciada em relação aos acréscimos quantitativos em suas avenças que precisa ser examinada. Nelas, como os contratos são de direito privado, o contratado não tem a obrigação de atender alterações unilaterais impostas pela administração: as alterações devem ser, necessariamente, consensuais. Assim, acréscimos nos contratos decorrentes da ata poderão ser aceitos ou não pelos contratados, como bem dispõe a Lei nº 13.303, de 2016:

Art. 81. Os contratos celebrados nos regimes previstos nos incisos I a V do art. 43 contarão com cláusula que estabeleça a possibilidade de alteração, por acordo entre as partes, nos seguintes casos:

(...)

§1º O contratado *poderá aceitar*, nas mesmas condições contratuais, os acréscimos ou supressões que se fizerem nas obras, serviços ou compras, até 25% (vinte e cinco por cento) do valor inicial atualizado do contrato, e, no caso particular de reforma de edifício ou de equipamento, até o limite de 50% (cinquenta por cento) para os seus acréscimos. (destacamos)

§2º Nenhum acréscimo ou supressão poderá exceder os limites estabelecidos no §1º, salvo as supressões resultantes de acordo celebrado entre os contratantes.

A Ata de Registro de Preços poderá ser extinta das seguintes formas:

1 – pelo esgotamento do quantitativo nela registrado, mesmo que não tenha sido extinto o seu prazo de duração. Como não é possível fazer acréscimo no quantitativo registrado, em não havendo mais possibilidade de demanda, a ata é considerada extinta, continuando, é claro, a execução dos contratos dele decorrentes que ainda estiverem vigentes;
2 – pelo esgotamento de seu prazo de duração, desde já atingido o limite máximo de 12 meses, ainda que exista determinado quantitativo não demandado. Como o prazo máximo já foi complementado, essa ata não mais produzirá efeitos;
3 – por razões de interesse público, decorrentes de fato superveniente que torne absolutamente desnecessária sua manutenção;
4 – quando os preços registrados se tornarem superiores aos praticados no mercado e o detentor, bem como os integrantes do cadastro de reserva, não conseguirem atender a solicitação de redução, comprovadamente;
5 – a pedido do fornecedor, quando ficar impossibilitado, comprovadamente, de atender as demandas.

A ADESÃO TARDIA

Além do órgão gerenciador e dos órgãos participantes, o regulamento federal dispõe sobre a existência de uma terceira figura, denominada órgão não participante. Quem é essa terceira figura? Segundo o decreto:

> Art. 2º Para os efeitos deste Decreto, são adotadas as seguintes definições:
> (...)
> V - órgão não participante - órgão ou entidade da administração pública que, não tendo participado dos procedimentos iniciais da licitação, atendidos os requisitos desta norma, faz adesão à ata de registro de preços.

Vamos recordar que, quando se inicia o processo, o órgão gerenciador deve possibilitar a outros órgãos/entidades da administração pública que tenham interesse comum em relação ao objeto e demais condições necessárias a participação concomitante. Esse procedimento é denominado Intenção de Registro de Preços (IRP), que possibilita a utilização do mesmo registro de preços para atender simultaneamente vários órgãos/entidades. Quem aceitar, participa do processo como órgão participante. Ainda que em posição secundária diante do órgão gerenciador, os participantes têm uma atuação importante no processo, pois colaboram diretamente desde a fase de planejamento.

O órgão não participante, como a própria denominação deixa claro, não está presente no processo, nem na fase de planejamento e nem na fase licitatória. Sua existência só pode iniciar na fase de gerenciamento da ata, como sendo um novo usuário. Seu nome, portanto, não aparece no edital e nem tampouco na Ata de Registro de Preços, não havendo, dessa forma, um quantitativo separado para atendê-lo. Como sua entrada no processo só ocorre nesse momento posterior, a participação acabou ficando conhecida como uma adesão tardia, e o órgão da administração pública que adere tardiamente ficou conhecido como "carona".

O Decreto Federal nº 3.931, de 2001, trouxe pela primeira vez a figura do "carona". Bem polêmico, esse regulamento foi, sem qualquer dúvida, bastante inovador: além da adesão tardia, o Decreto nº 3.931/2001 também trouxe a possibilidade da Ata de Registro de Preços ter seu prazo de duração prorrogado por até 12 meses, além do período inicial máximo de um ano, assunto sobre o qual já discorremos anteriormente, concluindo que tal condição era ilegal. Outra inovação sobre a qual podemos discutir a legalidade é exatamente a figura do "carona". Assim dispunha o decreto:

> Art. 8º A Ata de Registro de Preços, durante sua vigência, poderá ser utilizada por qualquer órgão ou entidade da Administração que não tenha participado do certame licitatório, mediante prévia consulta ao órgão gerenciador, desde que devidamente comprovada a vantagem.
>
> §1º Os órgãos e entidades que não participaram do registro de preços, quando desejarem fazer uso da Ata de Registro de Preços, deverão manifestar seu interesse junto ao órgão gerenciador da Ata, para que este indique os possíveis fornecedores e respectivos preços a serem praticados, obedecida a ordem de classificação.
>
> §2º Caberá ao fornecedor beneficiário da Ata de Registro de Preços, observadas as condições nela estabelecidas, optar pela aceitação ou não do fornecimento, independentemente dos quantitativos registrados em Ata, desde que este fornecimento não prejudique as obrigações anteriormente assumidas.
>
> §3º As aquisições ou contratações adicionais a que se refere este artigo não poderão exceder, por órgão ou entidade, a cem por cento dos quantitativos registrados na Ata de Registro de Preços.

O "carona" é, dessa forma, um órgão/entidade da administração que não participou da licitação para registro de preços nem como gerenciador, tampouco como participante. Em determinado momento, precisando adquirir um bem ou contratar um serviço comum, esse órgão/entidade, em estando obrigado a, nos termos do ordenamento jurídico vigente, realizar licitação, poderá evitar esse procedimento aderindo a uma Ata de Registro de Preços que esteja dentro do seu prazo de validade.

A grande questão que se colocou, desde aquele momento, foi a efetiva legalidade de uma novidade criada no ordenamento jurídico brasileiro através de um decreto, uma norma legal que tem objetivo meramente regulamentador. A Carta Magna é clara ao dispor que somente à lei compete inovar o ordenamento. A possível ilegalidade da adesão tardia já foi abordada em processo no TCU, ainda que sem maior profundidade, como se vê no Acórdão nº 1.297/2015-P:

> 30. De minha parte, estou convicto que, em futuro muito próximo, esta Corte deverá voltar se debruçar sobre o exame da constitucionalidade do dispositivo regulamentar que permite a utilização da ata de registro de preços por órgão não participante, também conhecida como "adesão tardia", ou mais simplesmente, "carona", atualmente o art. 22 do Decreto 7.892/2013.
>
> 31. Boa parte da doutrina também aponta que a prática do carona representa uma possível afronta a diversos princípios no mundo jurídico (por exemplo, legalidade, moralidade, isonomia e competitividade) e ainda possibilita algumas distorções que podem ser claramente percebidas no mundo dos fatos (por exemplo, os riscos de a empresa detentora da ata controlar parte significativa de negócio local, regional ou nacional e de aquisições que não contemplam a real necessidade do órgão com a leniente adaptação do objeto a ser contratado a um objeto já registrado em ata).
>
> 32. Em face de tais considerações, reforço meu entendimento de que a adesão prevista no art. 22 do Decreto 7.892/2013 para órgão não participante (ou seja, que não participou dos procedimentos iniciais da licitação) é uma possibilidade anômala e excepcional, e não uma obrigatoriedade a constar necessariamente em todos os editais e contratos de pregões para Sistema de Registro de Preços. Nesse sentido, conforme defendeu a peça instrutiva, a Fundação licitante, na qualidade de órgão gerenciador do registro de preços em comento, deve também justificar a previsão para adesão de órgãos não participantes.[35]

Quando um órgão/entidade adere tardiamente a uma Ata de Registro de Preços, indaga-se se as contratações daí advindas devem

---

[35] BRASIL. Tribunal de Contas da União. *Acórdão nº 1.297/2015-P*. Disponível em: www.tcu.gov.br. Acesso em: 27 abr. 2020.

ser consideradas como tendo sido fundamentadas em uma licitação ou em uma hipótese de não licitação. Veja-se que estamos considerando a situação em que o órgão/entidade estaria obrigado a realizar licitação. Cabe, então, a seguinte pergunta: a adesão a uma ata pode ser considerada como substitutivo legal de um processo licitatório? Pode-se considerar que o órgão/entidade, aderindo a uma ata vigente, cumpriu sua obrigação legal de contratar mediante licitação?

A questão é complexa e pode levar a interpretações divergentes. A uma, pode-se considerar que, em sendo a Ata de Registro de Preços necessariamente fruto de um processo licitatório, a obrigação legal de licitar estaria atendida, vez que a licitação teria sido realizada, ainda que por outro órgão/entidade. A duas, no entanto, não se pode olvidar que o órgão/entidade que será o contratante no processo efetivamente não realizou uma licitação que possibilitasse a seleção da proposta mais vantajosa para a sua situação específica.

É impossível deixar de considerar que a administração realizou uma licitação para registro de preços – isto é, para possíveis contratações futuras – e que indicou no respectivo edital o quantitativo estimado para essas contratações. Será válido considerar a possibilidade de essa licitação ser aproveitada por outro órgão/entidade que dela nem sequer participou para fazer uma contratação que atenda a uma necessidade imediata – e não futura – por um quantitativo que não foi considerado no edital?

Há notícias de situações em que, por força da utilização de uma Ata de Registro de Preços por "caronas", o quantitativo total que o detentor do registro vendeu para a administração pública atingiu cerca de 60 vezes a quantidade estimada no edital da respectiva licitação. Ora, será que, se a administração pública tivesse publicado no ato convocatório que pretendia adquirir um quantitativo tantas vezes maior, o preço unitário do produto seria o mesmo? Ou, em função da economia de escala, teríamos uma redução natural nesse preço? E diante desse quantitativo tão mais expressivo, não seria certo esperar uma disputa mais acirrada no certame, com a participação de um número muito maior de interessados? E, por tudo isso, pode-se considerar que essas aquisições efetivamente atenderam ao interesse público, fundamentalmente representado no caso concreto de aquisições de bens pela seleção da proposta mais vantajosa para a administração?

Registre-se que já temos aí dois questionamentos de difícil resposta:

a) O "carona" contratou por licitação ou sem licitação? Estatisticamente, essas contratações devem compor o quantitativo licitado ou o quantitativo formalizado sem licitação, nos termos da lei?

b) A administração pública, aqui composta pelo órgão/entidade que promoveu o certame para registro de preços ao qual devem ser somados todos aqueles que utilizaram a ata como "caronas", efetivamente realizou a contratação que lhe era a mais vantajosa?

Ademais, é indispensável analisar, igualmente, a figura do "carona" no ordenamento legal. Poderia essa figura ser criada por um decreto, instrumento meramente regulamentador, ao qual é vedado inovar ao ordenamento jurídico? Ou, inversamente, o "carona" só poderia ser instituído por lei, tendo em vista que está sendo criada uma nova hipótese de contratação sem que o contratante tenha realizado licitação? Ou sequer haveria possibilidade de criação do "carona", mesmo que por lei ordinária, tendo em vista que essa situação cria um privilégio para o licitante que participou e foi declarado vencedor de uma licitação que tinha um objetivo definido, com um quantitativo expresso no ato convocatório, e que poderá originar uma série ilimitada de contratações com a administração pública, esta representada por órgãos/entidades que não participaram do procedimento licitatório?

Nosso posicionamento pessoal é no sentido de que o "carona" só poderia ser instituído na ordem legal por expressa disposição de lei. Da mesma forma como todas as demais inovações criadas pelo Decreto nº 3.931/01, já comentadas anteriormente, a criação da figura do órgão/ entidade que se aproveita de uma licitação da qual ele não realizou e nem dela participou por qualquer meio não poderia ser feita por um diploma legal que não tem competência para tal. Assim, como posto atualmente, o "carona" fere profundamente a ordem legal.

Não estamos nos posicionando contra a instituição do "carona". Consideramos que se trata de uma ideia inteligente, que pode ajudar bastante diversos órgãos e entidades da administração pública, especialmente aqueles que, pelo seu porte, fazem acabar com quantitativos mais reduzidos, os quais, diante de uma "carona", podem aproveitar mais adequadamente a economia de escala, acabando por contratar por preços mais reduzidos. Entretanto, sempre cabe a análise: não seria mais interessante proporcionar a todos a oportunidade de participarem da licitação para registro de preços desde o início.

Existem notícias de que segmentos da administração acabam por adaptar suas reais necessidades às atas eventualmente disponíveis. Procedimento absolutamente equivocado. Enfim, o "carona" está no mundo e não podemos ignorar essa figura. Então, vamos analisá-la mais detidamente.

O Decreto Federal nº 7.892/2013 assim dispõe a respeito do tema:

Art. 22. Desde que devidamente justificada a vantagem, a ata de registro de preços, durante sua vigência, poderá ser utilizada por qualquer órgão ou entidade da administração pública federal que não tenha participado do certame licitatório, mediante anuência do órgão gerenciador.

§1º Os órgãos e entidades que não participaram do registro de preços, quando desejarem fazer uso da ata de registro de preços, deverão consultar o órgão gerenciador da ata para manifestação sobre a possibilidade de adesão.

§1º-A A manifestação do órgão gerenciador de que trata o §1º fica condicionada à realização de estudo, pelos órgãos e pelas entidades que não participaram do registro de preços, que demonstre o ganho de eficiência, a viabilidade e a economicidade para a administração pública federal da utilização da ata de registro de preços, conforme estabelecido em ato do Secretário de Gestão do Ministério do Planejamento, Desenvolvimento e Gestão.

§1º-B O estudo de que trata o §1º-A, após aprovação pelo órgão gerenciador, será divulgado no Portal de Compras do Governo federal.

§2º Caberá ao fornecedor beneficiário da ata de registro de preços, observadas as condições nela estabelecidas, optar pela aceitação ou não do fornecimento decorrente de adesão, desde que não prejudique as obrigações presentes e futuras decorrentes da ata, assumidas com o órgão gerenciador e órgãos participantes.

§3º As aquisições ou as contratações adicionais de que trata este artigo não poderão exceder, por órgão ou entidade, a cinquenta por cento dos quantitativos dos itens do instrumento convocatório e registrados na ata de registro de preços para o órgão gerenciador e para os órgãos participantes.

§4º O instrumento convocatório preverá que o quantitativo decorrente das adesões à ata de registro de preços não poderá exceder, na totalidade, ao dobro do quantitativo de cada item registrado na ata de registro de preços para o órgão gerenciador e para os órgãos participantes, independentemente do número de órgãos não participantes que aderirem.

A primeira condição importante a ser observada é que a simples existência de uma Ata de Registro de Preços vigente não é suficiente para possibilitar a adesão tardia. É indispensável que tal condição esteja expressamente prevista desde o instrumento convocatório. Nos termos do art. 9º do decreto, é necessário que o edital da licitação para registro de preços contenha expressamente essa possibilidade:

> Art. 9º O edital de licitação para registro de preços observará o disposto nas Leis nº 8.666, de 1993, e nº 10.520, de 2002, e contemplará, no mínimo:
>
> (...)
>
> III - estimativa de quantidades a serem adquiridas por órgãos não participantes, observado o disposto no §4º do art. 22, no caso de o órgão gerenciador admitir adesões;

Para que o edital permita a possibilidade da adesão por órgãos não participantes, é fundamental que o gerenciador justifique adequadamente essa condição. Não é automático. Ao revés, a regra é o edital vedar futuras adesões; a situação excepcional deve, assim, ser devidamente justificada. Como vimos anteriormente, no Acórdão nº 1.297/2015-P, o relator foi enfático: "A adesão prevista no art. 22 do Decreto 7.892/2013 para órgão não participante (ou seja, que não participou dos procedimentos iniciais da licitação) *é uma possibilidade anômala e excepcional, e não uma obrigatoriedade a constar necessariamente em todos os editais e contratos de pregões para Sistema de Registro de Preços*. Nesse sentido, conforme defendeu a peça instrutiva, a Fundação licitante, na qualidade de órgão gerenciador do registro de preços em comento, deve também justificar a previsão para adesão de órgãos não participantes".

Há, inclusive, no regulamento federal uma expressa vedação à utilização de atas por órgão não participante:

> Art. 22. Desde que devidamente justificada a vantagem, a ata de registro de preços, durante sua vigência, poderá ser utilizada por qualquer órgão ou entidade da administração pública federal que não tenha participado do certame licitatório, mediante anuência do órgão gerenciador.
>
> (...)
>
> §10. É vedada a contratação de serviços de tecnologia da informação e comunicação por meio de adesão a ata de registro de preços que não seja:
>
> I - gerenciada pelo Ministério do Planejamento, Desenvolvimento e Gestão; ou

II - gerenciada por outro órgão ou entidade e previamente aprovada pela Secretaria de Tecnologia da Informação e Comunicação do Ministério do Planejamento, Desenvolvimento e Gestão.

§11. O disposto no §10 não se aplica às hipóteses em que a contratação de serviços esteja vinculada ao fornecimento de bens de tecnologia da informação e comunicação constante da mesma ata de registro de preços.

Assim, em se tratando de serviço de tecnologia da informação e comunicação não vinculado ao fornecimento de bens constantes da mesma ata, é vedada a adesão tardia no âmbito da administração pública federal.

Ainda que nosso posicionamento pessoal seja restritivo, devemos analisar o comportamento a ser observado por quem quiser agir como "carona". O primeiro passo, identificada uma necessidade de contratação de um bem ou de um serviço – nesse caso, exclusivamente comum –, é procurar encontrar em outro órgão/entidade da administração pública uma Ata de Registro de Preços que contenha exatamente o objeto que atenda às suas necessidades.

A ata a ser localizada deve ter objeto que se enquadra integralmente com a necessidade previamente definida pelo interessado, esta realizada obrigatoriamente para atender suas necessidades específicas. Não se admite que a administração venha a conformar aquilo que lhe atende com o que exista eventualmente disponível. Esse tipo de procedimento é ilegal, pois estará sendo deixado de lado o interesse público em benefício de uma pretensa facilidade de contratação, o que pode ser prejudicial ao erário.

Outra cautela a ser observada com toda atenção é a necessidade de demonstração de que o processo de adesão tardia se mostra efetivamente vantajoso para o órgão ou entidade da administração pública, sob todos os aspectos que envolvem as contratações. Preocupado com o fato, o TCU alertou, no Acórdão nº 1.793/2011-P:

9.2.1. oriente os gestores dos órgãos integrantes do Sisg:

(...)

9.2.1.3. quando se tratar de contratação mediante adesão a ata de registro de preço, a realizarem ampla pesquisa de mercado, visando caracterizar sua vantajosidade sob os aspectos técnicos, econômicos e temporais, sem prejuízo de outras etapas do planejamento, conforme previsto no art. 15, §1º, da Lei nº 8.666/1993 c/c os arts. 3º e 8º, caput, do Decreto nº 3.931/1999 e no item 9.2.2 do Acórdão nº 2.764/2010-TCU-Plenário;

9.2.1.4. quando atuarem como gerenciadores de atas de registro de preço, a não aceitarem a adesão após o fim da vigência das atas, em atenção ao art. 4º, caput e §2º, do Decreto nº 3.931/2001;[36]

Localizada a ata que atenda às suas necessidades e desde que ela tenha, no edital da licitação que a originou, efetiva autorização para a adesão tardia, o órgão/entidade interessado deverá realizar uma pesquisa junto ao mercado para constatar se os preços registrados estão compatíveis com aqueles praticados e se atendem ao interesse público. Em caso de resposta positiva, deverá ser endereçada correspondência ao órgão gerenciador, manifestando interesse na aquisição/contratação e solicitando que mantenha contato com o detentor da ata para que este se manifeste sobre o interesse em ser contratado. Nessa solicitação, o interessado deverá indicar o quantitativo que pretende contratar, o qual é limitado pela regulamentação vigente:

> Art. 22. Desde que devidamente justificada a vantagem, a ata de registro de preços, durante sua vigência, poderá ser utilizada por qualquer órgão ou entidade da administração pública federal que não tenha participado do certame licitatório, mediante anuência do órgão gerenciador.
>
> (...)
>
> §3º As aquisições ou as contratações adicionais de que trata este artigo não poderão exceder, por órgão ou entidade, a cinquenta por cento dos quantitativos dos itens do instrumento convocatório e registrados na ata de registro de preços para o órgão gerenciador e para os órgãos participantes.
>
> §4º O instrumento convocatório preverá que o quantitativo decorrente das adesões à ata de registro de preços não poderá exceder, na totalidade, ao dobro do quantitativo de cada item registrado na ata de registro de preços para o órgão gerenciador e para os órgãos participantes, independentemente do número de órgãos não participantes que aderirem.

Há, assim, uma limitação legal não só para o quantitativo que poderá ser demandado por órgãos não participantes, como também para o *quantum* a ser demandado por cada um. Não existe limite para a quantidade de "caronas", desde que:

---

[36] BRASIL. Tribunal de Contas da União. *Acórdão nº 1.793/2011-P*. Disponível em: www.tcu.gov.br. Acesso em: 27 abr. 2020.

1 – cada um deles não contrate mais do que 50% dos quantitativos registrados em ata para o gerenciador e participantes. Exemplo: se o gerenciador tem o registro de 100 unidades e cada um dos dois participantes tem o registro de 75 unidades, a quantidade total da ata é de 250 unidades. Cada "carona" poderá contratar até 125 unidades;

2 – o somatório das contratações feitas por órgãos participantes não exceda o dobro do quantitativo registrado na ata, por item. No mesmo exemplo: o somatório das contratações dos "caronas" não pode exceder 500 unidades.

Repete-se que não existem limitações para a quantidade de aderentes tardiamente.

De posse da manifestação de interesse, o gerenciador, constatando que a ata sobre a qual existe interesse em adesão tardia ainda está vigente, deverá consultar o fornecedor sobre o interesse em atender esse quantitativo adicional. Nesse caso, ao contrário do que ocorre em relação ao gerenciador e aos participantes, o fornecedor pode se recusar a fornecer para um "carona" interessado, nem precisando justificar sua atitude. Se aceitar, porém, não poderá, mais adiante, alegar qualquer prejuízo para atender solicitações dos integrantes da ata, alegando esse fornecimento adicional.

A partir daí, resta ao "carona" formalizar a contratação e gerenciar a execução do contrato, sem qualquer diferença significativa em relação aos contratos usualmente firmados, inclusive quanto à possibilidade de acréscimos ou supressões de até 25% do valor inicial atualizado do contrato, nos termos do art. 65, §1º, da Lei nº 8.666/93. Há um prazo definido legalmente para que a adesão tardia seja formalizada. Cabe, igualmente, ao aderente tardiamente a gestão integral de seus contratos:

> Art. 22. Desde que devidamente justificada a vantagem, a ata de registro de preços, durante sua vigência, poderá ser utilizada por qualquer órgão ou entidade da administração pública federal que não tenha participado do certame licitatório, mediante anuência do órgão gerenciador.
>
> (...)
>
> §6º Após a autorização do órgão gerenciador, o órgão não participante deverá efetivar a aquisição ou contratação solicitada em até noventa dias, observado o prazo de vigência da ata.
>
> §7º Compete ao órgão não participante os atos relativos à cobrança do cumprimento pelo fornecedor das obrigações contratualmente assumidas e a aplicação, observada a ampla defesa e o contraditório,

de eventuais penalidades decorrentes do descumprimento de cláusulas contratuais, em relação às suas próprias contratações, informando as ocorrências ao órgão gerenciador.

O Decreto nº 7.892, de 2013, prevê, ainda, a possibilidade de utilização do Sistema de Registro de Preços para formalização do que denominou "compra nacional". Trata-se de procedimento objetivando a execução descentralizada de programa ou projeto federal para atendimento aos demais entes federativos. É uma programação do governo federal para atender estados e municípios em suas necessidades fundamentais, para as quais, muitas vezes, os recursos próprios são mais reduzidos. Em lugar de fazer descentralização de recursos para que os demais entes façam o gerenciamento, o governo federal toma a si a tarefa de organizar a contratação, oferecendo oportunamente aos interessados a possibilidade de serem beneficiados. Nesse caso, estados e municípios constituirão os órgãos participantes contemplados no registro de preços, independentemente de qualquer manifestação prévia.

Para a compra nacional, os quantitativos das adesões tardias possuem números próprios:

> Art. 22. Desde que devidamente justificada a vantagem, a ata de registro de preços, durante sua vigência, poderá ser utilizada por qualquer órgão ou entidade da administração pública federal que não tenha participado do certame licitatório, mediante anuência do órgão gerenciador.
>
> (...)
>
> §4º-A Na hipótese de compra nacional:
>
> I - as aquisições ou as contratações adicionais não excederão, por órgão ou entidade, a cem por cento dos quantitativos dos itens do instrumento convocatório e registrados na ata de registro de preços para o órgão gerenciador e para os órgãos participantes; e
>
> II - o instrumento convocatório da compra nacional preverá que o quantitativo decorrente das adesões à ata de registro de preços não excederá, na totalidade, ao quíntuplo do quantitativo de cada item registrado na ata de registro de preços para o órgão gerenciador e para os órgãos participantes, independentemente do número de órgãos não participantes que aderirem.

A administração pública federal não pode aderir tardiamente a Atas de Registro de Preços oriundas de licitações promovidas por estados, Distrito Federal e municípios. Foi uma opção adotada no âmbito do governo federal, fundamentada no seu regulamento próprio, o qual, no entanto, não traz qualquer impedimento à adesão em sentido contrário:

> Art. 22. Desde que devidamente justificada a vantagem, a ata de registro de preços, durante sua vigência, poderá ser utilizada por qualquer órgão ou entidade da administração pública federal que não tenha participado do certame licitatório, mediante anuência do órgão gerenciador.
>
> (...)
>
> §8º É vedada aos órgãos e entidades da administração pública federal a adesão a ata de registro de preços gerenciada por órgão ou entidade municipal, distrital ou estadual.
>
> §9º É facultada aos órgãos ou entidades municipais, distritais ou estaduais a adesão a ata de registro de preços da Administração Pública Federal.

No mês sentido, a Orientação Normativa nº 21, da AGU – Advocacia-Geral da União, prescreve:

> É vedada aos órgãos públicos federais a adesão à ata de registro de preços quando a licitação tiver sido realizada pela administração pública estadual, municipal ou do Distrito Federal, bem como por entidades paraestatais.[37]

O TCU também já se posicionou no sentido de não ser permitido à administração federal aderir a atas oriundas de entidades do Sistema S. Aqui, fica mais fácil entender essa deliberação. Afinal, o Sistema S não está obrigado ao cumprimento da Lei nº 8.666/1993, adotando regulamentos próprios. Assim, quando realizam licitações para registro de preços, as entidades do Sistema S elaboram os seus instrumentos convocatórios baseados nas disposições de seus regulamentos. Não haveria, assim, compatibilidade para que a administração pública, que possui regras diferenciadas, viesse a aderir a essas regras. Nesse sentido, citamos como exemplo o Acórdão nº 1.192/2010-P:

---

[37] BRASIL. Advocacia-Geral da União. Disponível em: www.agu.gov.br. Acesso em: 27 abr. 2020.

9.1. Conhecer da presente consulta, para responder ao consulente que não há viabilidade jurídica para a adesão por órgãos da Administração Pública a atas de registro de preços relativas a certames licitatórios realizados por entidades integrantes do Sistema "S", uma vez que não se sujeitam aos procedimentos estritos da Lei nº 8.666/1993, podendo seguir regulamentos próprios devidamente publicados, assim como não se submetem às disposições do Decreto federal nº 3.931/2001, que disciplina o sistema de registro de preços;[38]

Por analogia, podemos concluir inexistir, igualmente, possibilidade de adesão, por parte de órgãos e entidades integrantes da administração pública direta, autárquica e fundacional, a atas oriundas de licitações realizadas por empresas estatais, ainda que da mesma esfera governamental. Afinal, as estatais também possuem um regime jurídico próprio de contratações – a Lei nº 13.303, de 2016 – e seus regulamentos próprios, que se diferenciam fundamentalmente das regras previstas na Lei nº 8.666/1993, especialmente em relação aos seus contratos, nos quais prevalecem as regras de direito privado, ao contrário dos contratos oriundo da administração direta, que seguem as regras de direito público. Assim, não é difícil concluir sobre a inviabilidade de adesão, nesses casos.

---

[38] BRASIL. Tribunal de Contas da União. *Acórdão nº 1.192/2010-P*. Disponível em: www.tcu.gov.br. Acesso em: 27 abr. 2020.

SISTEMA DE REGISTRO DE PREÇOS NO ÂMBITO DO RDC

Em 2011, com a Lei nº 12.462, que instituiu o Regime Diferenciado de Contratações Públicas (RDC), veio ao mundo mais uma hipótese de utilização do Sistema de Registro de Preços. O art. 29 da lei trouxe o SRP como um procedimento auxiliar das licitações. As regras básicas, constantes do art. 32, não trazem diferenças substanciais em relação ao SRP da Lei Geral:

> Art. 32. O Sistema de Registro de Preços, especificamente destinado às licitações de que trata esta Lei, reger-se-á pelo disposto em regulamento.
>
> §1º Poderá aderir ao sistema referido no *caput* deste artigo qualquer órgão ou entidade responsável pela execução das atividades contempladas no art. 1º desta Lei.
>
> §2º O registro de preços observará, entre outras, as seguintes condições:
>
> I - efetivação prévia de ampla pesquisa de mercado;
>
> II - seleção de acordo com os procedimentos previstos em regulamento;
>
> III - desenvolvimento obrigatório de rotina de controle e atualização periódicos dos preços registrados;
>
> IV - definição da validade do registro; e
>
> V - inclusão, na respectiva ata, do registro dos licitantes que aceitarem cotar os bens ou serviços com preços iguais ao do licitante vencedor na sequência da classificação do certame, assim como dos licitantes que mantiverem suas propostas originais.
>
> §3º A existência de preços registrados não obriga a administração pública a firmar os contratos que deles poderão advir, sendo facultada a realização de licitação específica, assegurada ao licitante registrado preferência em igualdade de condições.

O RDC está regulamentado no Decreto nº 7.581, de 11 de outubro de 2011. Esse regulamento trouxe uma grande novidade em relação ao SRP: a possibilidade, até então inexistente na regulamentação federal, de utilização do sistema para contratação de obras de engenharia. Limitado, até então, às aquisições e aos serviços comuns, o SRP para obras já havia sido utilizado anteriormente, porém, fora da administração federal. O estado do Paraná já havia experimentado essa condição, com fundamento em regulamentação própria. No âmbito federal, entretanto, esta foi a primeira regulamentação:

Art. 88. Para os efeitos deste Decreto, considera-se:

I - Sistema de Registro de Preços - SRP - conjunto de procedimentos para registro formal de preços para contratações futuras, relativos à prestação de serviços, inclusive de engenharia, de aquisição de bens *e de execução de obras com características padronizadas*; (destacamos)

Até então, como vimos, na administração federal não se admitia a utilização do SRP para contratação de obras. Não só por absoluta ausência de fundamentação nas leis vigentes. O próprio TCU já repudiara todas as tentativas nesse sentido. Um exemplo clássico encontramos no Acórdão nº 3.605/2014-P, como pode ser visto no seguinte excerto:

33. Entretanto, ao analisar essa relação de serviços demandados (serviços e obras de engenharia), constatou-se que a definição do objeto licitado no Pregão Eletrônico 2/2014, como contratação de empresa para manutenção das instalações do 9º Batalhão de Suprimento e das Unidades Participantes (peça 2, p. 4), fora equivocada pois omitiu a parte referente às obras de engenharia (reforma, recuperação e ampliação).

34. Tal distinção entre serviços e obra de engenharia consta nos incisos I e II do art. 6º da Lei 8.666/1993, trazendo as seguintes definições:

"Art. 6º Para os fins desta Lei, considera-se:

I - Obra – toda construção, reforma, fabricação, recuperação ou ampliação, realizada por execução direta ou indireta;

II - Serviço – toda atividade destinada a obter determinada utilidade de interesse para a Administração, tais como: demolição, conserto, instalação, montagem, operação, conservação, reparação, adaptação, manutenção, transporte, locação de bens, publicidade, seguro ou trabalhos técnico-profissionais;"

35. Para reforçar que o escopo da contratação do Pregão Eletrônico 2/2014 refere-se também à obra, basta verificar o termo de referência, o qual traz disposições sobre o BDI (peça 2, p. 203), ART's e alvará de construção (peça 2, p. 204), todos relacionados à contratação de obras. Assim, conclui que o objeto licitado trata de serviços (manutenção predial) e obras (reforma, recuperação e ampliação) de engenharia.

36. Com essa constatação (item c), a instrução de peça 20 analisou a possibilidade de se utilizar o sistema de registro de preços para contratar obras de engenharia, concluindo pela ilegalidade do procedimento, quando da caracterização do *fumus boni iuris*, propondo a concessão da medida cautelar. Tendo em vista a realização de oitiva prévia do órgão jurisdicionado em relação a esse ponto e analisada a manifestação do 9º Batalhão, mantém-se o mesmo entendimento da instrução da peça 20, o qual será retomado de maneira mais detalhada a seguir.

37. O registro de preços está previsto no art. 15, inciso II, da Lei 8.666/1993, como procedimento a ser utilizado preferencialmente para as compras (aquisição de bens) efetuadas pela Administração Pública. Tal dispositivo está atualmente regulamentado pelo Decreto 7.892/2013, onde prevê a utilização do sistema de registro de preços também para as contratações de serviços (art. 1º).

38. No entendimento da doutrinadora Di Pietro, o Decreto 7.892/2013 ultrapassou os limites da Lei 8.666/1993, afrontando, portanto, o princípio da legalidade, ainda que tal decreto venha sendo aceito e aplicado, sem impugnação, pelos órgãos de controle, talvez pelo fato de que o sistema de registro de preços é organizado mediante procedimento licitatório.

39. Relativizando a utilização do sistema de registro de preços para contratação de serviços, o Decreto 7.892/2013 possibilitou-o nas seguintes hipóteses (art. 3º): contratações frequentes (I); remunerados por unidade de medida ou em regime de tarefa (II); para atendimento a mais de um órgão ou entidade, ou a programas de governo (III); ou não for possível definir previamente o quantitativo a ser demandado pela Administração (IV).

40. Assim, os itens relativos aos serviços de engenharia (manutenção predial) em tela se enquadrariam nas hipóteses I, II e III do art. 3º do Decreto retromencionado, no entanto os itens relativos à obra não possuem sequer o amparo legal para serem contratados por sistema de registro de preços.

41. Isso porque, para contratação de obras, a Lei 8.666/1993 traz uma série de procedimentos incompatíveis com o sistema de registro de preços, como, por exemplo: a previsão de recursos orçamentários, as

particularidades da obra em relação ao local de sua execução (terreno, transporte, mão-de-obra) e custos e projetos detalhados.

42. Nesse entendimento, o TCU, em seu Acórdão 296/2007 – 2ª Câmara, determinou à Companhia de Eletricidade do Acre que, com respeito à utilização do Sistema de Registro de Preços *(SRP)*, observasse a falta de amparo legal para adoção desse procedimento para contratação de obras de engenharia.

43. Assim, conclui-se que a inserção dos itens de reforma, construção, recuperação e ampliação de imóveis no escopo do objeto do Pregão Eletrônico 2/2014 para Intenção de Registro de Preços é ilegal, afrontando o art. 7º, §§2º e 4º, e o art. 15, inciso II, da Lei 8.666/1993, combinados com os arts. 1º e 3º do Decreto 7.892/2013.

44. Tendo em vista que o objeto do referido pregão fora descrito item a item, sem identificação do tipo e local de execução, impossibilitando a diferenciação dos itens relacionados à manutenção predial dos de obra, e que o Pregão Eletrônico encontra-se adjudicado e não homologado, propõe-se assinatura de prazo para anular o certame, bem como determinar ao 9º Batalhão de Suprimentos que não utilize o sistema de registro de preços para contratação obras de engenharia, quando realizar a nova licitação, entendendo como definição de obra toda construção, reforma, fabricação, recuperação ou ampliação, realizada por execução direta e indireta, nos termos do art. 6º, I, da Lei 8.666/1993.[39]

Com a instituição da regulamentação do RDC, essa condição acabou tomando um novo rumo. O detalhamento dessa definição consta do art. 89 do decreto regulamentador:

> Art. 89. O SRP/RDC poderá ser adotado para a contratação de bens, de obras com características padronizadas e de serviços, inclusive de engenharia, quando:
>
> I - pelas características do bem ou serviço, houver necessidade de contratações frequentes;
>
> II - for mais conveniente a aquisição de bens com previsão de entregas parceladas ou contratação de serviços remunerados por unidade de medida ou em regime de tarefa;
>
> III - for conveniente para atendimento a mais de um órgão ou entidade, ou a programas de governo; ou

---

[39] BRASIL. Tribunal de Contas da União. *Acórdão nº 3.605/2014-P*. Disponível em: www.tcu.gov.br. Acesso em: 27 abr. 2020.

IV - pela natureza do objeto, não for possível definir previamente o quantitativo a ser demandado pela administração pública.

Parágrafo único. O SRP/RDC, no caso de obra, somente poderá ser utilizado:

I - nas hipóteses dos incisos III ou IV do *caput*; e

II - desde que atendidos, cumulativamente, os seguintes requisitos:

a) as licitações sejam realizadas pelo Governo federal;

b) as obras tenham projeto de referência padronizado, básico ou executivo, consideradas as regionalizações necessárias; e

c) haja compromisso do órgão aderente de suportar as despesas das ações necessárias à adequação do projeto padrão às peculiaridades da execução.

O regulamento instituiu algumas limitações para uso do SRP destinado a obras de engenharia. Ele só poderá ser utilizado para atendimento a mais de um órgão ou entidade ou a programas de governo para os quais não exista um quantitativo de obras definido com precisão. Por outro lado, o regulamento limitou a utilização ao governo federal no papel de gerenciador, exigindo, ainda, que se trate de obras padronizadas, assumindo os aderentes o compromisso das ações indispensáveis para ajuste do projeto-padrão às peculiaridades locais.

Efetivamente, a grande dificuldade que se registrava, sempre, em relação à utilização do SRP às obras de engenharia era a inexistência, em condições usuais, de contratações repetidas ao longo do tempo. Como regra, as obras possuem características próprias, exclusivas, não só por serem destinadas ao atendimento de uma necessidade específica, como, igualmente, porque as condições de topografia, insolação, ventilação, materiais disponíveis na região, etc., acabam por impor uma especificidade difícil de ser repetida, em termos exatamente iguais, no futuro. Há, porém, exceções. Existem, sim, obras que podem ser padronizadas, pois diversas dessas características individuais perdem força diante de suas características mais gerais. Citemos um exemplo. Imaginemos que uma administração estadual resolva contemplar diversos municípios com bibliotecas destinadas aos alunos da rede de ensino público – ao que sabemos, iniciativa da espécie ocorreu exatamente no já citado estado do Paraná. Iniciativa louvável, que mereceria elogios. Pois bem, a construção de um imóvel destinado a funcionar como biblioteca pública pode prescindir de várias das características individuais normalmente observadas nas obras de engenharia. Por exemplo, pelo próprio tipo de atividade a ser nele executada, o prédio não precisa ter maiores preocupações em relação à insolação, à ventilação e aos materiais disponíveis no estado. Ainda que os imóveis continuem tendo características próprias, bem individualizadas, como a topografia do terreno, bem como suas dimensões, por exemplo, é possível, em muitos casos, contornar essas individualidades em benefício da realização de um registro de preços, que pode favorecer a administração pública em relação à economia de escala. Provavelmente, um prédio destinado a posto de saúde padronizado também pode ser enquadrado como uma situação que permitiria, com vantagens, registrar preços.

Nesses exemplos, o governo – federal, no caso do RDC, ou estadual, naqueles que possuem regulamentação própria nesse sentido – poderia instituir um SRP para obra padronizada, disponibilizando o sistema para ser aproveitado pelos estados ou pelos municípios, conforme o caso. Estes ficariam encarregados da disponibilização de terreno com dimensões aproximadas previamente definidas, bem como pela realização das obras complementares, como fechamento desse terreno, fundações etc.

Não se trata, no entanto, de empreendimento de fácil execução. Ao contrário, em um país de dimensões continentais, com características regionais tão diferenciadas, a implantação de um programa dessa ordem apresenta inúmeras dificuldades, que podem levar ao fracasso. Uma boa análise a respeito encontramos no voto do ministro relator no Acórdão nº 2.618/2018-P:

> 35. Nesta seção, passo a tratar de um problema que, a despeito ter sido apenas tangenciado pela unidade técnica, configura, a meu ver, a principal falha que atualmente impede a conclusão de diversos empreendimentos Brasil afora.
>
> 36. Refiro-me à replicação de projetos padronizados sem que sejam consideradas as particularidades de cada caso concreto. A despeito de o regulamento do RDC permitir a utilização do sistema de registro de preços para obras de engenharia, o que possibilita em tese ganhos de escala, deve-se ter bastante cuidado na utilização desse mecanismo, até porque os resultados práticos atuais não são satisfatórios.
>
> 37. Dou um exemplo: o Fundo Nacional de Desenvolvimento da Educação (FNDE) publicou nos anos de 2012 e 2013 diversos editais para a seleção de empresas para a possível contratação de *creches* no âmbito do Programa Proinfância. Passados alguns anos, observou-se o abandono

da grande maioria dos empreendimentos contratados, gerando, por um lado, obras abandonadas e, por outro, a utilização da quase totalidade dos recursos previstos na ação governamental.

38. Uma das causas apontadas para o fracasso da utilização do modelo consiste exatamente na utilização indiscriminada de projetos padrão. Em reportagem de setembro de 2016 – que pode ser acessada por meio do seguinte endereço eletrônico https://oglobo.globo.com/sociedade/educacao/escolas-creches-inacabadas-custaram-ao-menos-840-milhoes-em-recursos-publicos-20086432 –, uma das razões invocadas pelas empresas contratadas diz respeito à falta de adequação dos terrenos pelas prefeituras municipais. Ao que tudo indica, os documentos técnicos previam uma determinada conformação do terreno que nem sempre está presente em todo o território nacional.

39. Outros problemas decorrentes dessa padronização também poderiam ser citados: a distância média de transporte de solos adotada nos estudos pode não ser a adequada ao caso concreto. Na hipótese de ser maior que a prevista na planilha contratada, são necessários aportes adicionais de recursos, o que nem sempre acontece. Com isso, há o risco da paralisação dos empreendimentos, não surtindo os efeitos desejados para a política pública.

40. Nesse sentido, entendo que o plenário deve expedir uma recomendação ao Ministério da Saúde para que avalie os riscos inerentes à replicação de projetos padronizados sem que sejam consideradas as particularidades de cada caso concreto, bem como adote mecanismos com vistas a prevenir as falhas que vem sendo observadas nos casos em que tal mecanismo é adotado.[40]

Superadas, no entanto, essas dificuldades, o SRP para obras comuns, padronizadas, poderá ser utilizado. Não se trata, no entanto, de uma utilização rotineira, corriqueira. Efetivamente, as obras de engenharia possuem características que as diferenciam de um objeto comum. Não apresenta maiores dificuldades para um licitante oferecer proposta para fornecimento de um bem ou para prestação de um serviço repetitivo, comum. Afinal, as principais características desses objetos são perfeitamente padronizadas e permitem uma uniformização nos valores cotados. Obras de engenharia são particulares. A regra é essa, ainda que alguns pontos tenham características em comum.

---

[40] BRASIL. Tribunal de Contas da União. *Acórdão nº 2.618/2018-P*. Disponível em: www.tcu.gov.br. Acesso em: 27 abr. 2020.

No entanto, para que se possa pensar em uma uniformização de tal ordem que proporcione a aplicação do Sistema de Registro de Preços, precisamos, sim, de obras absolutamente padronizáveis – e isso não é rotineiro.

De qualquer modo, parece haver espaço para que o tema seja objeto de aprofundamento, procurando definir um procedimento factível com a aplicação do SRP para execução de obras padronizáveis.

CAPÍTULO 14

A UTILIZAÇÃO DO SRP NAS CONTRATAÇÕES DA PANDEMIA

Neste ano de 2020, o Brasil foi duramente atingido pela pandemia causada pelo novo coronavírus, que acabou provocando uma revolução na área de saúde, pública e privada. Com as seríssimas consequências da doença causada pelo novo vírus, a administração pública se viu obrigada a tomar uma série de providências, objetivando minorar o sofrimento da população, atendendo-a na medida do que era possível. Sérias foram as consequências nos contratos administrativos que estavam em vigor, com redução ou, até mesmo, suspensão de atividades, manutenção de pagamentos objetivando a manutenção dos empregos etc.

Na área de contratações, diversas inovações foram, igualmente, introduzidas no ordenamento jurídico brasileiro, com pagamentos antecipados, aumento dos limites para dispensabilidade de licitação, dispensa de exigências documentais tradicionais para efeito de habilitação, procedimentos licitatórios com prazos mais reduzidos etc. Dentre essas inovações, merecem destaque, para o tema desta obra, as disposições da Lei nº 13.979, de 6 de fevereiro de 2020, que trata das medidas para enfrentamento da emergência de saúde pública de importância internacional decorrente do coronavírus responsável pelo surto de 2019, com todas as alterações nela processadas através de sucessivas medidas provisórias.

Com a redação vigente no momento em que esta obra era escrita, assim dispõe a lei, na parte que nos interessa:

Art. 4º É dispensável a licitação para aquisição de bens, serviços, inclusive de engenharia, e insumos destinados ao enfrentamento da emergência de saúde pública de importância internacional decorrente do coronavírus de que trata esta Lei.

§1º A dispensa de licitação a que se refere o *caput* deste artigo é temporária e aplica-se apenas enquanto perdurar a emergência de saúde pública de importância internacional decorrente do coronavírus.

§2º Todas as contratações ou aquisições realizadas com fulcro nesta Lei serão imediatamente disponibilizadas em sítio oficial específico na rede mundial de computadores (internet), contendo, no que couber, além das informações previstas no §3º do art. 8º da Lei nº 12.527, de 18 de novembro de 2011, o nome do contratado, o número de sua inscrição na Receita Federal do Brasil, o prazo contratual, o valor e o respectivo processo de contratação ou aquisição.

§3º Excepcionalmente, será possível a contratação de fornecedora de bens, serviços e insumos de empresas que estejam com inidoneidade declarada ou com o direito de participar de licitação ou contratar com o Poder Público suspenso, quando se tratar, comprovadamente, de única fornecedora do bem ou serviço a ser adquirido.

§4º Na hipótese de dispensa de licitação de que trata o *caput*, quando se tratar de compra ou contratação por mais de um órgão ou entidade, o sistema de registro de preços, de que trata o inciso II do *caput* do art. 15 da Lei nº 8.666, de 21 de junho de 1993, poderá ser utilizado.

§5º Na hipótese de inexistência de regulamento específico, o ente federativo poderá aplicar o regulamento federal sobre registro de preços.

§6º O órgão ou entidade gerenciador da compra estabelecerá prazo, contado da data de divulgação da intenção de registro de preço, entre dois e quatro dias úteis, para que outros órgãos e entidades manifestem interesse em participar do sistema de registro de preços nos termos do disposto no §4º e no §5º.

Art. 4º-A A aquisição de bens e a contratação de serviços a que se refere o *caput* do art. 4º não se restringe a equipamentos novos, desde que o fornecedor se responsabilize pelas plenas condições de uso e funcionamento do bem adquirido.

Art. 4º-B Nas dispensas de licitação decorrentes do disposto nesta Lei, presumem-se atendidas as condições de:

I - ocorrência de situação de emergência;

II - necessidade de pronto atendimento da situação de emergência;

III - existência de risco a segurança de pessoas, obras, prestação de serviços, equipamentos e outros bens, públicos ou particulares; e

IV - limitação da contratação à parcela necessária ao atendimento da situação de emergência.

Art. 4º-C Para as contratações de bens, serviços e insumos necessários ao enfrentamento da emergência de que trata esta Lei, não será exigida a elaboração de estudos preliminares quando se tratar de bens e serviços comuns.

Art. 4º-D O Gerenciamento de Riscos da contratação somente será exigível durante a gestão do contrato.

Art. 4º-E Nas contratações para aquisição de bens, serviços e insumos necessários ao enfrentamento da emergência que trata esta Lei, será admitida a apresentação de termo de referência simplificado ou de projeto básico simplificado.

§1º O termo de referência simplificado ou o projeto básico simplificado a que se refere o *caput* conterá:

I - declaração do objeto;

II - fundamentação simplificada da contratação;

III - descrição resumida da solução apresentada;

IV - requisitos da contratação;

V - critérios de medição e pagamento;

VI - estimativas dos preços obtidos por meio de, no mínimo, um dos seguintes parâmetros:

a) Portal de Compras do Governo Federal;

b) pesquisa publicada em mídia especializada;

c) sítios eletrônicos especializados ou de domínio amplo;

d) contratações similares de outros entes públicos; ou

e) pesquisa realizada com os potenciais fornecedores; e

VII - adequação orçamentária.

§2º Excepcionalmente, mediante justificativa da autoridade competente, será dispensada a estimativa de preços de que trata o inciso VI do *caput*.

§3º Os preços obtidos a partir da estimativa de que trata o inciso VI do *caput* não impedem a contratação pelo Poder Público por valores superiores decorrentes de oscilações ocasionadas pela variação de preços, hipótese em que deverá haver justificativa nos autos.

Art. 4º-F Na hipótese de haver restrição de fornecedores ou prestadores de serviço, a autoridade competente, excepcionalmente e mediante justificativa, poderá dispensar a apresentação de documentação relativa à regularidade fiscal e trabalhista ou, ainda, o cumprimento de um ou mais requisitos de habilitação, ressalvados a exigência de apresentação de prova de regularidade relativa à Seguridade Social e o cumprimento do disposto no inciso XXXIII do *caput* do art. 7º da Constituição.

Art. 4º-G Nos casos de licitação na modalidade pregão, eletrônico ou presencial, cujo objeto seja a aquisição de bens, serviços e insumos necessários ao enfrentamento da emergência de que trata esta Lei, os prazos dos procedimentos licitatórios serão reduzidos pela metade.

§1º Quando o prazo original de que trata o *caput* for número ímpar, este será arredondado para o número inteiro antecedente.

§2º Os recursos dos procedimentos licitatórios somente terão efeito devolutivo.

§3º Fica dispensada a realização de audiência pública a que se refere o art. 39 da Lei nº 8.666, de 21 de junho de 1993, para as licitações de que trata o *caput*.

§4º As licitações de que trata o *caput* realizadas por meio de sistema de registro de preços serão consideradas compras nacionais, nos termos do disposto no regulamento federal, observado o prazo estabelecido no §6º do art. 4º.

Art. 4º-H Os contratos regidos por esta Lei terão prazo de duração de até seis meses e poderão ser prorrogados por períodos sucessivos, enquanto perdurar a necessidade de enfrentamento dos efeitos da situação de emergência de saúde pública.

Art. 4º-I Para os contratos decorrentes dos procedimentos previstos nesta Lei, a administração pública poderá prever que os contratados fiquem obrigados a aceitar, nas mesmas condições contratuais, acréscimos ou supressões ao objeto contratado, em até cinquenta por cento do valor inicial atualizado do contrato.

Por sua vez, a Medida Provisória nº 961, de 6 de maio de 2020, trouxe medidas complementares àquelas já instauradas anteriormente, dispondo:

Art. 1º Ficam autorizados à administração pública de todos os entes federativos, de todos os Poderes e órgãos constitucionalmente autônomos:

I - a dispensa de licitação de que tratam os incisos I e II do *caput* do art. 24 da Lei nº 8.666, de 21 de junho de 1993, até o limite de:

a) para obras e serviços de engenharia até R$ 100.000,00 (cem mil reais), desde que não se refiram a parcelas de uma mesma obra ou serviço, ou, ainda, para obras e serviços da mesma natureza e no mesmo local que possam ser realizadas conjunta e concomitantemente; e

b) para outros serviços e compras no valor de até R$ 50.000,00 (cinquenta mil reais) e para alienações, desde que não se refiram a parcelas de um mesmo serviço, compra ou alienação de maior vulto que possa ser realizada de uma só vez;

II - o pagamento antecipado nas licitações e nos contratos pela Administração, desde que:

a) represente condição indispensável para obter o bem ou assegurar a prestação do serviço; ou

b) propicie significativa economia de recursos; e

III - a aplicação do Regime Diferenciado de Contratações Públicas - RDC, de que trata a Lei nº 12.462, de 4 de agosto de 2011, para licitações e contratações de quaisquer obras, serviços, compras, alienações e locações.

§1º Na hipótese de que trata o inciso II do *caput*, a Administração deverá:

I - prever a antecipação de pagamento em edital ou em instrumento formal de adjudicação direta; e

II - exigir a devolução integral do valor antecipado na hipótese de inexecução do objeto.

§2º Sem prejuízo do disposto no §1º, a Administração poderá prever cautelas aptas a reduzir o risco de inadimplemento contratual, tais como:

I - a comprovação da execução de parte ou de etapa inicial do objeto pelo contratado, para a antecipação do valor remanescente;

II - a prestação de garantia nas modalidades de que trata o art. 56 da Lei nº 8.666, de 1993, de até trinta por cento do valor do objeto;

III - a emissão de título de crédito pelo contratado;

IV - o acompanhamento da mercadoria, em qualquer momento do transporte, por representante da Administração; e

V - a exigência de certificação do produto ou do fornecedor.

§3º É vedado o pagamento antecipado pela Administração na hipótese de prestação de serviços com regime de dedicação exclusiva de mão de obra.

Art. 2º O disposto nesta Medida Provisória aplica-se aos atos realizados durante o estado de calamidade reconhecido pelo Decreto Legislativo nº 6, de 20 de março de 2020.

Parágrafo único. O disposto nesta Medida Provisória aplica-se aos contratos firmados no período de que trata o *caput* independentemente do seu prazo ou do prazo de suas prorrogações.

De todas essas disposições, interessam-nos particularmente aquelas que se referem à utilização do Sistema de Registro de Preços, à dispensa de licitação, ao pregão com prazos reduzidos e à ampliação do uso do Regime Diferenciado de Contratações Públicas (RDC).

Em relação à dispensa destinada exclusivamente às contratações decorrentes da pandemia, os limites foram majorados. Em tese, essa majoração está amparada na própria Lei nº 8.666/1993, que dispõe sobre o tema no art. 120, mas, na realidade, o governo não se baseou nessa disposição legal. Se o fizesse, teria que aumentar *todos* os limites fixados na lei, e não só aqueles destinados à dispensabilidade de licitação, e, aí, seriam aumentados os limites para utilização das modalidades licitatórias de convite e tomada de preços, situação que não atendia o interesse governamental neste momento. Elevar, por exemplo, o limite de utilização da modalidade convite implicaria na ampliação da possibilidade de utilização dessa modalidade, o que as autoridades não entendiam como interessante por todas as manifestações em sentido contrário registradas especialmente nos últimos anos. Então, a MP apenas ampliou, excepcionalmente, os limites de valores destinados às contratações dispensáveis, igualando-os àqueles definidos na Lei nº 13.303, de 2016, que se destina às empresas estatais. O fez apenas para as contratações necessárias ao atendimento da emergência de saúde pública; após, os limites devem retornar aos valores anteriormente vigentes.

Ao mesmo tempo, na Lei nº 13.979, de 2020, encontramos, pela primeira vez no ordenamento jurídico brasileiro, a possibilidade da realização de registro de preços através de um processo de dispensa de licitação. Até então limitada exclusivamente a licitações, sempre realizadas pelas modalidades mais amplas, a concorrência e o pregão, era expressamente vedada a utilização do SRP por dispensa ou inexigibilidade de licitação, condição já analisada anteriormente. Pois bem, agora passamos a ter essa possibilidade por determinado período de tempo, que pode até mesmo ser interpretada como um ensaio para algo mais definitivo no ordenamento jurídico brasileiro.

Afinal, rigorosamente, não tem sentido essa limitação. Existem situações de fornecedor exclusivo, por exemplo, de bens dos quais a administração necessita periodicamente. Qual a razão lógica para obrigar a administração, em uma situação como essa, a fornecer um processo de licitação inexigível cada vez que precisar adquirir esse bem? Por que não permitir que o bem seja objeto de um registro de preço, com a administração processando a contratação cada vez que dele efetivamente necessitar?

De igual modo, há situações que, em função do valor envolvido, caracterizam um processo de dispensabilidade de licitação. Por que não permitir que a administração faça o registro de preços por dispensa, um processo mais simples e mais rápido, mais compatível, desse modo, com as contratações de valores mais reduzidos?

Pode-se questionar – e pessoalmente o fazemos – a utilização do SRP neste momento de emergência na saúde. Afinal, os preços têm se mostrado bastante descontrolados. Ora, com uma demanda muito superior à oferta, apresentam-se valores bem mais elevados que os rotineiros; ora, em momento seguinte, com a regularização da oferta e com a diminuição da demanda, em razão de muitos já terem sido atendidos, os preços sofrem reduções consideráveis. Essa variação de preços, em um espectro mais largo, não é um bom indicativo de vantagem da utilização do SRP; ao revés, acaba sendo desvantajosa. Os fornecedores ficam com receio de assumirem compromissos por prazos mais largos, sob o risco de não poderem cumpri-los, ora pela carência do material, ora pelos preços mais elevados do que os que estão registrados. Duvidamos muito que, neste momento, o SRP se apresente como uma boa solução, salvo em situações bem pontuais, bem excepcionais.

Deve, porém, ser saudada a possibilidade de usar o SRP utilizando-se de um processo de dispensa de licitação. Talvez, até, como um embrião para a legislação futura, na época pós-pandemia, ampliando-a, ainda, para os processos de inexigibilidade.

Neste momento, alguns requisitos básicos devem ser observados. A uma, a perfeita fundamentação da dispensa de licitação. Aliás, passamos a ter no ordenamento jurídico brasileiro duas espécies diferenciadas de licitação dispensável: aquela mais tradicional, prevista na Lei nº 8.666/1993, em seu art. 24; e aquela excepcional, destinada exclusivamente aos bens, serviços – inclusive de engenharia – e insumos destinados ao enfrentamento da emergência de saúde pública, prevista na Lei nº 13.979/2020.

Na primeira, a mudança foi exclusivamente em relação aos valores envolvidos. Temporariamente, poderão ser objeto de dispensa de licitação as contratações até R$100.000,00, quando se tratar de obras e serviços de engenharia, e até R$50.000,00 para as compras de bens e contratação dos demais serviços. Devem ser rigorosamente observadas as demais regras da Lei de Licitações e Contratos, inclusive em relação ao seu art. 26, que dispõe:

> Art. 26. As dispensas previstas nos §§2º e 4º do art. 17 e no inciso III e seguintes do art. 24, as situações de inexigibilidade referidas no art. 25, necessariamente justificadas, e o retardamento previsto no final do parágrafo único do art. 8º desta Lei deverão ser comunicados, dentro de 3 (três) dias, à autoridade superior, para ratificação e publicação na imprensa oficial, no prazo de 5 (cinco) dias, como condição para a eficácia dos atos.
>
> Parágrafo único. O processo de dispensa, de inexigibilidade ou de retardamento, previsto neste artigo, será instruído, no que couber, com os seguintes elementos:
>
> I - caracterização da situação emergencial, calamitosa ou de grave e iminente risco à segurança pública que justifique a dispensa, quando for o caso;
>
> II - razão da escolha do fornecedor ou executante;
>
> III - justificativa do preço.
>
> IV - documento de aprovação dos projetos de pesquisa aos quais os bens serão alocados.

Vale lembrar que o processo de contratação por licitação dispensável nada possui de ilegal ou contrário à moralidade. Ao revés, é um processo previsto na Carta Magna, em seu art. 37, inc. XXI. A licitação é dispensável quando, por alguma característica, que pode ser em razão do valor, em razão da pessoa jurídica contratante ou da pessoa jurídica contratada, tudo parece indicar que o melhor caminho para o perfeito atendimento ao interesse público não é a realização de uma licitação tradicional. Muitos denominam de "contratação direta". Não gostamos muito dessa denominação, pois leva, muitas vezes, à interpretação de que a administração passa a possuir uma discricionariedade absoluta na escolha daquele que será contratado, o que nunca pode ocorrer. A atuação da administração, mesmo quando aparentemente discricionária, deve ser pautada por uma vinculação aos princípios que regem sua atividade, inafastáveis como garantia da obtenção dos melhores resultados. O que se dispensa é o rito da licitação: a administração fica desvinculada do cumprimento de prazos e de determinados outros formalismos comuns aos processos licitatórios. No entanto, sempre estará vinculada aos princípios que regem os processos de contratação, dentre os quais destacamos o da seleção da proposta mais vantajosa, o da isonomia de tratamento, o da vinculação às regras estabelecidas etc.

O art. 26 da Lei de Licitações, acima transcrito, dispõe sobre a necessidade de ser devidamente caracterizada, nos autos do respectivo processo, a situação emergencial, quando for o caso. Dispõe, ainda, genericamente, sobre a necessidade de ser fundamentada a escolha do contratado e o respectivo preço. Tudo isso continua obrigatório nos processos de licitação dispensável para atendimento à emergência de saúde. Apenas, os valores foram majorados.

Já a dispensa de licitação constante da Lei nº 13.979, de 2020, traz características diferenciadoras. Quando a contratação objetiva o atendimento de uma necessidade imediata para combater os problemas decorrentes da pandemia, a lei permite que, excepcionalmente, seja contratado um fornecedor que esteja cumprindo penalidade de impedimento de contratar com a administração pública. Em condições normais, tal contratação não poderia ser realizada, pois a penalidade gera como consequência exatamente o impedimento. De forma excepcional e apenas quando aquela pessoa for a única fornecedora do bem ou a única capaz de prestar o serviço indispensável, a contratação poderá ser feita, ignorando-se, nesse momento, o impedimento registrado.

Mais adiante, a lei permite a dispensa das exigências de documentação relativa à regularidade fiscal e trabalhista ou qualquer outra exigência habilitatória, ressalvando, apenas, a regularidade para o sistema de previdência social e a apresentação de declaração de cumprimento das regras prevista no inciso XXXIII do art. 7º da Constituição. Situação novamente excepcionada na Emenda Constitucional nº 106, de 7 de maio de 2020, que, no parágrafo único do art. 3º, assim dispõe: "Parágrafo único. Durante a vigência da calamidade pública nacional de que trata o art. 1º desta Emenda Constitucional, não se aplica o disposto no §3º do art. 195 da Constituição Federal". Ou seja, até mesmo a comprovação de regularidade perante a previdência social, expressamente prevista na Constituição, acabou ficando excepcionada nos processos realizados até 31 de dezembro de 2020.

A possibilidade de dispensa da documentação comumente exigida para habilitação não chega a ser novidade no ordenamento jurídico, tendo em vista que já constava expressamente da Lei nº 8.666, de 1993:

Art. 32. Os documentos necessários à habilitação poderão ser apresentados em original, por qualquer processo de cópia autenticada por cartório competente ou por servidor da administração ou publicação em órgão da imprensa oficial.

§1º A documentação de que tratam os arts. 28 a 31 desta Lei poderá ser dispensada, no todo ou em parte, nos casos de convite, concurso, fornecimento de bens para pronta entrega e leilão.

O entendimento pacificado era, no entanto, no sentido da impossibilidade de ser dispensada a comprovação de regularidade perante a seguridade social, exatamente em função das disposições constitucionais, agora temporariamente derrogadas.

O art. 4º-G da Lei nº 13.979, de 2020, por sua vez, trata da realização de procedimento licitatório na modalidade de pregão. Trata-se, no entanto, de um pregão diferenciado em razão da utilização de prazos mais reduzidos do que aqueles previstos na Lei nº 10.520, de 2002 – reduzidos pela metade, com arredondamento para o número inteiro antecedente, quando necessário (pregão realizado com prazo de publicidade de, no mínimo, quatro dias úteis, por exemplo). Tanto no caso da dispensa excepcional de licitação como no caso do pregão com prazos reduzidos, a Lei nº 13.979/2020 permite a utilização do Sistema de Registro de Preços. Fez, no entanto, algumas exigências adicionais, que merecem análise.

O SRP por dispensa é cabível, dispõe a lei, quando o processo objetiva o atendimento concomitante a mais de um órgão ou entidade. Será obrigatório, portanto, que o gerenciador inicie o processo com a utilização das regras da Intenção de Registro de Preços (IRP), igualmente com prazo mais reduzido, entre dois e quatro dias úteis.

Por que obrigar que o SRP, nesta época excepcional, só possa ser utilizado quando objetivar o atendimento a mais de um órgão ou entidade? Fica difícil entender. Atendimento concomitante é apenas uma das hipóteses em que a utilização do SRP se mostra factível, nos termos do Decreto nº 7.892, de 2013. Por que não permitir o uso do sistema nas outras hipóteses relacionadas pelo decreto? Difícil de entender. Isso torna o processo mais moroso, menos eficiente. Talvez o objetivo tenha sido proporcionar o ganho da economia de escala. Tudo bem, mas tão somente quando efetivamente isso for possível. Se o objeto interessa a apenas um órgão/entidade, vedar o uso do SRP não é decisão das mais inteligentes.

Repete-se que, nas condições atuais, reconhecemos não ser fácil usar o SRP pela instabilidade registrada nos preços dos produtos/ serviços a serem demandados. No entanto, se é um ensaio para futura permissão desse uso através de um processo de licitação dispensável, que se registre não ser a exigência de contratação em parceria uma boa solução a ser adotada. Que se permita o uso do SRP por dispensa de licitação em qualquer das situações que o regulamento relacione como indicadas, e não apenas quando se destinar ao atendimento simultâneo.

A outra grande novidade foi registrada na MP nº 961, de 6 de maio de 2020, com a permissão genérica da utilização do RDC, nas contratações destinadas ao atendimento da emergência da saúde, inclusive no tocante às obras de engenharia. Já estava permitida a utilização desse regime diferenciado nas contratações destinadas às obras e serviços de engenharia no âmbito do Sistema Único de Saúde (SUS), como consta expressamente das disposições do art. 1º, inc. V, da Lei nº 12.462, de 2011. Temos particular interesse na possibilidade da utilização das regras do Sistema de Registro de Preços dentro do RDC, conforme análise já realizada anteriormente, abrangendo, inclusive, as obras de engenharia. É mais uma opção disponibilizada neste momento de emergência global de saúde.

No caso concreto, essa autorização para utilização do RDC veio no art. 1º, inc. III, da MP:

> Art. 1º Ficam autorizados à administração pública de todos os entes federativos, de todos os Poderes e órgãos constitucionalmente autônomos:
>
> I - a dispensa de licitação de que tratam os incisos I e II do *caput* do art. 24 da Lei nº 8.666, de 21 de junho de 1993, até o limite de:
>
> a) para obras e serviços de engenharia até R$ 100.000,00 (cem mil reais), desde que não se refiram a parcelas de uma mesma obra ou serviço, ou, ainda, para obras e serviços da mesma natureza e no mesmo local que possam ser realizadas conjunta e concomitantemente; e
>
> b) para outros serviços e compras no valor de até R$ 50.000,00 (cinquenta mil reais) e para alienações, desde que não se refiram a parcelas de um mesmo serviço, compra ou alienação de maior vulto que possa ser realizada de uma só vez;
>
> II - o pagamento antecipado nas licitações e nos contratos pela Administração, desde que:

a) represente condição indispensável para obter o bem ou assegurar a prestação do serviço; ou

b) propicie significativa economia de recursos; e

III - a aplicação do Regime Diferenciado de Contratações Públicas - RDC, de que trata a Lei nº 12.462, de 4 de agosto de 2011, para licitações e contratações de quaisquer obras, serviços, compras, alienações e locações.

§1º Na hipótese de que trata o inciso II do *caput*, a Administração deverá:

I - prever a antecipação de pagamento em edital ou em instrumento formal de adjudicação direta; e

II - exigir a devolução integral do valor antecipado na hipótese de inexecução do objeto.

§2º Sem prejuízo do disposto no §1º, a Administração poderá prever cautelas aptas a reduzir o risco de inadimplemento contratual, tais como:

I - a comprovação da execução de parte ou de etapa inicial do objeto pelo contratado, para a antecipação do valor remanescente;

II - a prestação de garantia nas modalidades de que trata o art. 56 da Lei nº 8.666, de 1993, de até trinta por cento do valor do objeto;

III - a emissão de título de crédito pelo contratado;

IV - o acompanhamento da mercadoria, em qualquer momento do transporte, por representante da Administração; e

V - a exigência de certificação do produto ou do fornecedor.

§3º É vedado o pagamento antecipado pela Administração na hipótese de prestação de serviços com regime de dedicação exclusiva de mão de obra.

Art. 2º O disposto nesta Medida Provisória aplica-se aos atos realizados durante o estado de calamidade reconhecido pelo Decreto Legislativo nº 6, de 20 de março de 2020.

Parágrafo único. O disposto nesta Medida Provisória aplica-se aos contratos firmados no período de que trata o *caput* independentemente do seu prazo ou do prazo de suas prorrogações.

Art. 3º Esta Medida Provisória entra em vigor na data de sua publicação.

Trata-se de disposição que deve ser enquadrada dentro do direito provisório, tendo em vista que, como consta do art. 2º, a aplicação limita-se aos atos realizados no período de vigência do estado de calamidade pública legalmente estabelecido, que vai até 31 de dezembro de 2020. No caso concreto, espera-se que essa experiência mostre as vantagens do RDC, até mesmo em relação às propostas de uma nova legislação em matéria de licitações, em tramitação no Congresso Nacional, quem sabe, até mesmo, possibilitando que seu uso seja definitivamente estendido a todas as contratações, em todos os entes federativos, em todos os poderes instituídos.

REFERÊNCIAS

BRASIL. Advocacia-Geral da União. Disponível em: www.agu.gov.br. Acesso em: 27 abr. 2020.

BRASIL. Conselho Nacional de Justiça. Disponível em: www.cnj.jus.br. Acesso em: 27 abr. 2020.

BRASIL. STJ - Superior Tribunal de Justiça. Disponível em: www.stj.jus.br. Acesso em: 27 abr. 2020.

BRASIL. Tribunal de Contas da União. Disponível em: www.tcu.gov.br. Acesso em: 27 abr. 2020.

GUIMARÃES, Edgar; NIEBUHR, Joel de Menezes. *Registro de preços*: aspectos práticos e jurídicos. Belo Horizonte: Fórum, 2008.

LEÃO, Eliana Goulart. *O Sistema de registro de preços*: uma revolução nas licitações. Campinas: Bookseller, 1996.

SUNDFELD, Carlos Ari. *Fundamentos de direito público*. 4. ed. São Paulo: Malheiros, 2000.

Esta obra foi composta em fonte Palatino Linotype, corpo 10
e impressa em papel Offset 75g (miolo) e Supremo 250g (capa)
pela Gráfica Paulinelli, em Belo Horizonte/MG.